ENFÓCATE EN LO IMPORTANTE

HAIFA GHAWI

ENFÓCATE EN LO IMPORTANTE

ELIGE VER LO BUENO

BIOGRAFÍA

Haifa Ghawi nació en Beirut (Líbano), donde vivió hasta los diez años de edad. Se mudó a México donde realizó gran parte de sus estudios, años después regresó a su país natal.

Trabajó en la Embajada de México en Beirut (Líbano) durante casi cinco años, después, al mudarse nuevamente a México, trabajó en el sector educativo, en una escuela de español para extranjeros por ocho años.

Tras la muerte de su padre, nuevamente se mudó, en esta ocasión, al estado de Coahuila, en México. Actualmente trabaja en el sector salud en una empresa a nivel nacional.

Después de realizar un viaje a España, en junio del 2018, descubrió su pasión por la escritura con la intención de poder transmitir un mensaje positivo y de esperanza hacia los demás a través de las experiencias vividas y los desafíos superados.

Título: *ENFÓCATE EN LO IMPORTANTE.*
Elige ver lo bueno
© 2019, Haifa Ghawi

Autoedición y Diseño: 2019, Haifa El Ghawi Barud
Primera edición: Julio de 2019
ISBN-13: 978-84-17781-77-4

*"Deja de administrar tu tiempo, empieza
a administrar tu enfoque".*

ROBIN SHARMA

"Stop managing your time, start managing your focus".

ROBIN SHARMA

Para mi querida mamá, Aída, y para mi querida hermana, Auro, a quienes les agradezco todo el apoyo que me han brindado, no solo a lo largo de mi vida, sino también en todo el proceso de la escritura de mi trilogía, por su gran ayuda, por haber creído en mí, y quienes —a través de su ejemplo de la paciencia— me han enseñado cada día a aprender a tomar las cosas con más serenidad y a enfocarme en lo bueno e importante de cada situación. También dedico este libro a mi querido hermano y a mis sobrinos.

Para ti, amigo lector

Primero que nada, quiero agradecerte el haber elegido leer mi libro.

Hoy en día existe la ventaja de poder acceder de una manera fácil y rápida a cualquier tipo de información que requieres, pero, al mismo tiempo, al contar con tantas opciones, también es más fácil estar más disperso y distraído.

Por esa razón, mi objetivo es compartir a través de mis propias experiencias las herramientas que me ayudaron a dirigir mi atención en lo que quiero y no en lo que no quiero, en enfocarme en lo bueno e importante para aprender a tener más claridad y la dirección correcta para conseguir mis objetivos.

AGRADECIMIENTO

Antes que nada, quiero agradecer a Dios por haberme permitido conseguir mi propósito de la Trilogía de mis libros (*Resiliencia, Sé Leal a ti, Enfócate en lo importante*). Y por la oportunidad que me brinda para que a través de mis libros pueda compartir mis experiencias y transmitir a los demás un mensaje positivo, que pueda ser de utilidad para aquellas personas que les gusten los temas relacionados con el desarrollo o superación personal.

También quiero agradecer a mi querida mamá por todo el apoyo que me ha brindado de forma amorosa, paciente e incondicional. A mi hermana Aurora y a mis amigos, quienes de alguna u otra manera me apoyaron en todo este proceso de la escritura (Edith, Janet, Conchita, Sylvia, Virginia, Nuria, Selly, Escarlin). ¡Muchas gracias a todos!

Por último, quiero agradecer y reconocer a mi querido mentor, Laín García Calvo, por haber creído en mí, por todas y cada una de sus valiosas enseñanzas, a quien admiro por su inteligencia y su calidad humana, ya que esto no hubiera sido posible sin su ayuda. ¡Gracias, gracias, gracias, LAÍN!

¿POR QUÉ TENDRÍA YO QUE LEER ESTE LIBRO?

Como lo comentaba anteriormente, debido a que hoy en día vivimos en un mundo en el cual se tiene acceso a la información muy fácilmente y de forma muy rápida, ya sea por la tecnología, por las redes sociales, etcétera. Esto tiene sus ventajas y sus desventajas, las ventajas son la rapidez y que cualquier cosa que necesitamos investigar la tenemos más accesible, casi a la mano, con el Internet.

Sin embargo, una de las desventajas que puedes llegar a tener es que son tantas las opciones que hay, y es mucha la información a la cual tienes acceso, que en algún momento dado puedes llegar a confundirte, a saturarte o simplemente no saber elegir cuál de todas es la mejor opción.

Otra de las desventajas es, por lo mismo que son demasiadas las opciones que hay, que a veces quieres hacer muchas cosas a la vez, casi al mismo tiempo, y es a partir de ahí cuando te desenfocas, sin darte cuenta empiezas a estar disperso y corres el riesgo de dejar las cosas a medias, sin tener nada terminado.

La clave está en aprender a enfocar tu atención hacia aquel objetivo que quieres lograr, dale importancia a lo que realmente quieres y no a lo que no quieres, aprendes a dirigir tus pensamientos de una manera que te permita mantenerte concentrado en aquello que quieres lograr u obtener.

Es tan fácil distraerse, pero eso trae como consecuencia atrasos, cosas inconclusas, más confusión, ansiedad, frustración por no conseguir lo que realmente te interesa.

Por eso es importante primero que nada saber qué quieres, en qué prioridad, para saber los pasos que tienes que dar, un paso a la vez, al concluir el primero, continuar con el segundo paso y así continuar hasta concluir tu meta.

ÍNDICE

INTRODUCCIÓN

Este libro, **_Enfócate en lo importante_**, además de tratar de las herramientas, que, en lo personal, me ayudaron a cómo lograr dirigir mi atención y enfocarme en lo que realmente importa, a ver lo bueno de cada situación o circunstancia, también me ayudó a ir descubriendo –durante el proceso de la escritura de este libro– todos los distractores que hay alrededor de los que no me daba cuenta.

Todas esas emociones, resistencias, temores, dudas, que te pueden surgir, a veces ni siquiera estás consciente de ellas, en la mayoría de las ocasiones son algunas de las causas por los cuales postergas tus metas, que son los motivos que te frenan o te impiden ver con claridad para así concretar y lograr tus objetivos y sueños.

CAPÍTULO 1

¿QUÉ SIGNIFICA ESTAR ENFOCADO?

Estar enfocado es dirigir nuestros pensamientos hacia un tema en específico, hacia una situación, un problema o un objetivo en particular, con el fin de resolverlo o lograr ese objetivo.

Es tener puesta toda la atención, la energía y la dedicación en aquello que queremos conseguir o resolver sin dejarse llevar por las distracciones, es estar dedicado y comprometido al 100 % en ello.

La importancia de estar enfocado

Si observamos bien, las personas que tienen resultados, las personas que tienen éxito, es porque son personas enfocadas en lo suyo.

El enfoque es la clave, es la herramienta principal, así como el saber decidir qué es lo que se quiere hacer y lo que se tiene que hacer para lograr la meta y/o el objetivo deseado. Es también decidir en dónde o en qué enfocarnos.

Enfocarse en el potencial de cada persona

¿A qué me refiero con enfocarse en el potencial de cada persona? Me refiero a ver el talento que tiene, lo positivo, lo que puede aportar.

Por ejemplo, a continuación, quiero compartir contigo la experiencia que tuve al respecto. En el primer libro, donde mencioné acerca de mi primer trabajo como asistente del Embajador de México en Beirut (Líbano), tenía veintitrés años de edad, mi carrera la había dejado a medias porque me tuve que mudar de México a Líbano en ese tiempo y la computadora y el Internet eran algo muy nuevo, esto fue en el año de 1997.

Hablé de cuando tuve mi entrevista con el Embajador, que fue quien finalmente me contrató, y de cómo para él era más importante una persona de confianza que una persona con todos los estudios e idiomas del mundo. Para ese puesto se requería saber hablar y escribir el árabe al 100 %, y, a pesar de que hablo el árabe, no sabía escribirlo ni leerlo al 100 %.

Debido a tantos cambios entre Líbano y México, no terminé de aprender el árabe, ya que mis estudios se vieron interrumpidos cuando tenía la edad de diez años, habiendo estudiado solamente hasta tercer año de primaria en Líbano, ya que nos tuvimos que mudar a México con motivo de la guerra civil.

Retomando el tema de la entrevista con el Embajador para el puesto de Asistente, cuando le dije que no sabía bien el árabe, no sabía casi nada de computación y tampoco tenía ninguna experiencia laboral, ya que ese fue mi primer trabajo extraordinario, la respuesta del Embajador fue contundente, me dijo que podía aprender todo eso, pero que él necesitaba a una persona de confianza (de confianza porque él conoció a mi familia y le daba mucha confianza que mi madre es mexicana).

Pero más que su respuesta contundente, fue la confianza que el Embajador me tuvo, aun sin conocerme bien, lo que me empujó a vencer todos mis miedos e inseguridades y sacar mi mejor potencial. No le podía fallar a alguien que había confiado en mí aun sin conocerme.

Es increíble lo que hace el que una persona confíe en ti, no sé de dónde sacas las fuerzas y das tu máximo potencial con tal de no fallarle a esa persona, ya que él creyó en mí, en mi potencial mucho antes de que yo misma lo hiciera. Por eso le estaré siempre muy agradecida por esa gran oportunidad y por sus grandes enseñanzas. Para mí fue un gran maestro, que marcó la pauta de mi carrera laboral, él me enseñó las bases principales para hacer mi trabajo de la mejor manera posible.

Es por eso que es bien importante decirles a las personas lo valiosas que son, creer en ellas. Yo misma lo veo a mi alrededor, compañeros de trabajo que, desde mi punto de vista, son muy creativos, muy inteligentes, pero que no están en el lugar en donde podrían sacar su mejor potencial.

Por esa razón hay muchos talentos desperdiciados, porque no hay alguien que aliente, que motive, que empuje o que apoye, que detecte y que reconozca a esas personas con tanto potencial y con tanto talento que podrían crecer tanto ellos a nivel personal como aportar más cosas productivas al lugar donde trabajan.

Y aunque lo ideal es descubrirlo uno mismo, no siempre es fácil hacerlo ni todas las personas lo logran. En parte creo que se debe a que a veces vivimos en un mundo tan acelerado, en un mundo en donde "parece" que el hacer las cosas rápidas es símbolo de éxito o eficiencia, y no necesariamente es así, al menos no para todas las cosas, depende de la tarea, del trabajo. Hay ciertas cosas que se tienen que hacer con mucha atención, con enfoque, si queremos hacerlas bien.

En mi caso, me ayudó mucho que alguien me eligiera y confiara en mí, en mi potencial (que fue el Embajador), ya que eso marcó el inicio y continuidad de mi carrera laboral.

Lo ideal sería que, en cada empresa, una persona se dedicara a enfocarse en analizar los talentos del personal que hay en su institución o empresa para destacar su máximo potencial, ya que sería un beneficio mutuo, porque la persona crece en lo personal y asimismo tiene más que aportar a la empresa.

Por ejemplo, hay muchos jóvenes que están desorientados, no saben en qué quieren trabajar o a qué quieren dedicarse, algunos de ellos malgastan su tiempo siendo chavos muy inteligentes.

Lo que estos chicos necesitan es orientación, es a alguien que los ayude, los oriente, que crea en ellos, tener una visión de cuál es su mejor potencial y aprovecharlo al máximo para ambas partes.

Efecto Pigmalión o profecía autocumplida

Es algo que todos sabemos de algún modo, pero que puede que nadie te haya explicado nunca.

Si tú a tu hijo antes de una carrera le dices: "¡Te vas a caer! Tú no vales para esto", ese niño se va a caer, no hay más opciones. Porque le has hecho creer que es posible y hay algo que le empuja a cumplir la profecía.

Pero, si en lugar de eso, a ese mismo niño le dices: "Corre" "Vuela" "No te detengas, y si te caes, aquí estoy para levantarte", ese niño jugará mejor que si nunca le hubieras dicho nada.

Hay una responsabilidad ineludible en cómo hablamos, en cómo tratamos a los demás, porque nuestras palabras tienen un poder más grande de lo que nunca hubiéramos imaginado.

Cada día tienes la opción de cortar las alas de los demás hablando del miedo y de la incertidumbre o puedes dejar que tus palabras les empujen hacia sus metas confiando en la capacidad infinita que hay dentro de todo ser humano. Se conoce como Efecto Pigmalión y funciona en cualquier momento de nuestras vidas.

Fuente: https://www.youtube.com/watch?v=XwMWSUJKHYQ

Enfocarse en lo positivo de cada experiencia

Dos personas pueden pasar por una misma experiencia, pero cada una puede tener su propio punto de vista, es decir, puede haber dos enfoques, cada persona puede contar la misma experiencia en dos distintas versiones de acuerdo a cómo se sintieron o cómo la vivió cada una de ellas.

Por ejemplo, en mi caso, que me tocó ser y vivir en dos culturas, he aprendido a enfocarme en lo positivo de cada una de ellas.

En el caso de Líbano, que es donde nací, a pesar de que hay muchas cosas con las cuales no estoy de acuerdo, aprendí a tomar lo mejor de mi cultura, por ejemplo, esa fuerza que tienen de que, pase lo que pase, nunca se rinden, se vuelven a levantar una y otra vez.

Casi la mayoría de los libaneses a los que les ha tocado salir de su país y haber tenido que empezar desde cero, casi la mayoría, son personas trabajadoras, que luchan por salir adelante y lo logran, logran triunfar de nuevo en un país con un idioma diferente al suyo, con una mentalidad y costumbres diferentes al suyo, siendo tenaces, perseverantes y trabajadores, pero lo que más admiro de la cultura libanesa es esa fortaleza de nunca rendirse.

En el caso de México, me gusta mucho su alegría, son en su mayoría personas alegres, que disfrutan mucho la vida, que son muy creativos. Me ha tocado conocer algunos países, pero ninguno como México con sus colores tan vivos, con su creatividad única y original. Esa es mi percepción personal de haber vivido y haber pertenecido a ambas culturas.

Es por ello, que lo ideal sería aplicar lo mismo a las experiencias diarias que nos toca vivir día tras día. Por ejemplo, por lo general si me pasaban tres cosas buenas en el día y una mala, muchas veces hablaba de la mala en lugar de las otras tres cosas buenas que me habían sucedido, hasta que tuve conciencia de ello y empecé a enfocarme más en lo positivo que en lo negativo que me sucedía, pero esto requiere primero que nada estar conscientes de ello y, segundo, practicar, practicar y practicar hasta que se vuelva un hábito, es decir, es una cuestión de entrenamiento mental.

Si tú empiezas a enfocarte más en lo positivo que en lo negativo, lo segundo pierde importancia y le das más poder y más valor a lo positivo y, por lo tanto, empiezas a atraer más de eso. Como dice Laín, allá donde va tu atención, está tu energía.

Enfocarse en la gente valiosa

¿Cuántas veces te ha pasado que tienes a tu alrededor gente muy valiosa? Sin embargo, si llega a haber una o dos personas que, si te contestaron mal o si no te saludaron, te enganchas más en eso que a lo mejor en las demás personas valiosas que tienes a tu alrededor en el día a día, que te saludan con una gran y sincera sonrisa, que se nota que les da gusto verte, platicar contigo.

Muchas veces, en los días no tan buenos que llega a haber, he llegado a pensar: "Si no fuera por esas personas tan valiosas, sería un día aún más difícil". Pero esas personas te hacen reír, tienen un detalle contigo y te alegran tu día.

Aunque se supone que no debemos dejar el cómo nos sentimos en base a lo que ocurre o sucede en el exterior, ya que les estaríamos entregando nuestro poder, es cierto que a veces un detalle de alguien puede transformar un día malo en bueno.

Esas personas tan valiosas, que llegan en el momento preciso con un buen gesto, sin ellos saberlo, llegan a darte ese empujoncito que necesitas para esos días en los que tal vez no te sientes del todo bien. A esas personas tan valiosas las considero como angelitos.

Por eso, en la medida de lo posible y si depende de ti, elige a tus amigos, elige a quién quieres en tu vida, aun en tu trabajo, elige a las personas valiosas y en ellas enfócate, en el sentido de que a las personas negativas o quejumbrosas no les prestes tu atención, mucho menos tu energía.

La historia del punto negro: Reflexión, Historia de motivación

Un día, una maestra entró a su salón y les dijo a sus estudiantes que se prepararan para un examen sorpresa. Todos esperaron nerviosos a que comenzara el examen.

Para sorpresa de todos no había preguntas en el examen, solo un punto negro en el centro de la hoja.

Al ver la expresión de los estudiantes, la maestra les dijo: "Quiero que escriban qué es lo que ven aquí".

Los alumnos, confundidos, obedecieron la extraña orden.

Al final de la clase, la maestra tomó los exámenes y comenzó a leer las respuestas en voz alta frente a todos sus estudiantes.

Todos, sin excepción, escribieron sobre el punto negro y trataron de explicar su posición en el centro de la hoja.

Tras leer todas las hojas, la maestra explicó: "No voy a calificarlos. Solo quería darles algo en qué pensar".

Nadie escribió sobre la parte blanca de la hoja. Todos se concentraron en el punto negro y eso es lo que la mayoría de las veces pasa en la vida.

Cuando nos concentramos en el punto negro, en problemas de salud, falta de dinero, relaciones complicadas con miembros de familia, la decepción de amigos.

El punto oscuro es pequeño comparado con todo lo demás que tenemos en la vida, pero es lo que mancha nuestras mentes.

Ignora el punto negro de tu vida y disfruta cada bendición, cada momento que te da la vida.

Fuente: https://www.youtube.com/watch?v=r5txA3fecng

CAPÍTULO 2

¿CÓMO DEFINIR LAS PRIORIDADES?

¿Te ha pasado que hay ocasiones en que tienes varias cosas o actividades que realizar a la vez y todas son importantes, pero no sabes por dónde empezar?

Por ejemplo, ya sea en tus labores diarias de tu hogar, compromisos con tus hijos, con tu esposa/o y tus propias actividades o en tu trabajo, tienes varias tareas asignadas importantes a la vez, comienzas a hacer una y después la dejas a medias y comienzas a hacer otra y también la dejas a la mitad. Después surge algo urgente y en ese momento dejas todo y te enfocas en lo más urgente que tienes que sacar adelante.

Esto puede llegar a generarte mucho estrés, además de dejar tareas inconclusas, y das la imagen de no estar cumpliendo bien con tus funciones.

¿Cuál podría ser la solución a todo esto?

A continuación, voy a compartir contigo desde mi experiencia personal lo que yo hago y esto lo aprendí gracias a mi primer jefe, el Embajador de México en Beirut (Líbano) cuando fui su asistente.

El Embajador me dijo desde la entrevista que tendría que hacer muchas cosas a la vez, a veces podían llegar a ser treinta cosas, lo cual al principio me pareció mucho, pero él me dio el secreto más importante, me enseñó a **planificar** y a **organizarme**.

Hoy en día invierto más tiempo en la organización, pero cuando necesito algo lo encuentro muy rápido debido a esa inversión de tiempo en el orden y la organización de mi trabajo.

Comencé a anotar en mi libreta cada cosa que tenía que realizar, desde la más difícil hasta la más simple, porque eran tantas cosas que no me podía dar el lujo de que se me olvidara.

El Embajador me entrenó para la excelencia, sin excusas, no digo que como seres humanos no podamos cometer errores, pero lo que sí puedes hacer es determinar la manera en que quieres trabajar, de una forma más eficiente, optimizando así el tiempo y a la vez cumpliendo con las tareas establecidas.

Por ejemplo, si en un día tienes diez tareas muy importantes que hacer y van saliendo otras más urgentes, analiza cuáles son las más urgentes, define aquellas que son más prioritarias y en base a eso empiezas a trabajar en cada una de ellas, terminando una primero y continuando con la siguiente.

A continuación, te comparto los pasos que seguir (que en lo personal me funcionaron) para definir las prioridades cuando tienes muchas cosas que hacer a la vez.

Estos pasos los aprendí gracias al Embajador y son los siguientes:

1. Planear.

2. Organizar.

3. Aprender a priorizar el trabajo, de lo más urgente a lo importante y a lo no tan urgente.

   ¿Cómo se hace y qué beneficios tiene?

1. Lo primero que tienes que hacer es, al llegar en la mañana a tu oficina, al comenzar tu día, debes pensar en todos tus pendientes y empezar a anotarlos en tu libreta, esto solamente te toma de cinco a diez minutos como máximo.

2. Deberás anotarlas por orden de importancia, es decir, definiendo las más prioritarias primero, no importa si tu lista es larga y si son treinta o cuarenta cosas, lo importante es que las anotes hasta el más mínimo detalle, por ejemplo, reconfirmar una cita o hacer una llamada, etcétera, ya que por ser muchas cosas se te pueden olvidar.

3. Después, conforme terminas una de esas tareas, ve tachando en tu libreta las que ya terminaste y cuando menos te des cuenta, habrás realizado la mayor parte de ellas.

4. Al definir las prioridades, sabes por dónde debes empezar, por lo tanto, optimizas tu tiempo.

5. Vas realizando una tarea a la vez.

6. Resultado final: evitas estresarte y terminas con las tareas más urgentes e importantes y no dejas nada a medias.

Por último, al finalizar el día puedes hacer una lista de los pendientes que quedaron para el siguiente día, así te evitas el llegar corriendo para checar qué es lo que tienes que hacer primero, y, sobre todo cuando es fin de semana, te recomiendo planificar y anotar tus pendientes desde el viernes para el lunes (en caso de que descanses sábado y domingo).

CAPÍTULO 3

¿QUÉ HACER CUANDO TE SIENTES ESTANCADO?

¿Alguna vez te ha pasado que estás haciendo algo que te gusta y primero sientes que vas muy bien, pero en algún momento sientes que no avanzas, entonces intentas varias estrategias una y otra vez y ninguna te funciona?

Llegas a pensar que tal vez eso es perseverancia, determinación, sin embargo, es importante saber diferenciar cuándo se requiere ser perseverante en algo que quieres conseguir y cuándo no debes forzar las cosas.

Desde mi punto de vista personal, la clave está en **"Disfrutar lo que estás haciendo"**, ya que cuando te empiezas a forzar, te estresas, te pones tenso y te puedes llegar a sentir bloqueado, y, por más que hagas y por más que lo intentas, simplemente no consigues avanzar.

En esos momentos, también puedes llegar a sentir frustración, tristeza, impotencia y no sabes qué más hacer para lograr salir de ese estado anímico para poder avanzar y fluir nuevamente.

Entonces te preguntas: "¿Cómo lo voy a lograr?". No se trata de una varita mágica que en dos o tres minutos con simplemente pensar ya te vas a sentir mejor.

Así como te sugiero que seas consciente de tus pensamientos, ya que la calidad de tus pensamientos va a determinar la calidad de tus emociones, también te sugiero tomar en cuenta tus emociones.

Muchas veces llegas a ignorar lo que sientes, es decir, sabes que te sientes mal, pero no sabes cómo salir de esa emoción. Primero que nada, necesitas detectar por qué te sientes de esa determinada manera, ya sea que estés triste, enojado o frustrado. Una vez que hayas detectado qué es, trata de hacer algo al respecto.

Si a pesar de eso no consigues sentirte mejor, puedes realizar algunas de las siguientes actividades que pueden ser de ayuda o utilidad para ti.

Porque en lo personal creo que no hay nada más frustrante que intentar hacer algo que quieres lograr y que sabes que depende ti, sin embargo, por más que lo intentas no consigues avanzar.

Muchas veces no te das cuenta de ello, la EMOCIÓN puede ser la principal causa tanto para frenarte a hacer algo o, por el contrario, que te empuja a hacer todo lo que sea necesario para conseguir tu sueño o tu meta.

Es por ello que reitero la importancia de detectar tus emociones, principalmente cuando no te sientas del todo bien, esto es con el objetivo de lograr salir de esa emoción para que consigas sentirte mejor, fluir y seguir adelante.

La emoción no se debe juzgar como algo negativo (en caso de que te sientas molesto, triste o frustrado), sino que hay que verla como una oportunidad para detectar qué es o por qué razón es que te sientes de determinada manera. No la ignores, pero tampoco te identifiques con ella, sino que úsala a tu favor para impulsarte a lograr encontrar la manera de salir adelante y a superar aquello que te esté afectando.

Después te darás cuenta de que la emoción pasará y otra vez vas a estar bien, tal vez tome un tiempo, pero va a pasar. Lo más importante es recuperar tu serenidad para poder avanzar.

Tal vez digas: "Pero si ya lo intenté todo y no avanzo, no siento que esté fluyendo. ¿Qué más puedo hacer?".

Estas son algunas estrategias que en lo personal las he utilizado y que me han ayudado en los momentos en que me llegué a sentir estancada o triste.

1. Despejar la mente

¿Cómo se logra despejar la mente?

Puede ser a través de alguna manualidad o cualquier actividad que te ayude a tener tu mente ocupada en lo que estás haciendo, como salir a correr o tal vez lavar tu coche, o, por ejemplo, si estás en la oficina puedes archivar, si estás en tu casa puedes ponerte a ordenar tu cuarto. No lo pienses, solo hazlo, porque así tu mente estará callada y te enfocas en la actividad que estás realizando en ese momento.

2. Estar en contacto con la naturaleza

Por ejemplo, si hay algún paisaje bonito por donde vives, ya sea un bosque, una montaña, el mar o simplemente si está lloviendo o si ves de repente un arcoíris, contempla la naturaleza, las aves.

En caso de que no tengas nada de eso en tu ciudad, pero tal vez en tu casa tienes un jardín, puedes salir un momento a contemplar, a escuchar el sonido de los pajaritos.

Por ejemplo, si estás en la calle, puedes ver un momento el cielo, mira un momento las nubes y observa cómo tu mente se detiene ante el parloteo mental.

Aprende a estar en silencio mental, no estés repasando a cada rato lo que te preocupa o te molesta, haz una pausa. Se trata de que despejes tu mente.

Si estás en la oficina y en ese momento no puedes salir, tal vez puedes levantarte un momento a caminar, a mirar por la ventana, en caso de que no haya ventana, entonces puedes escuchar una buena música que te haga sentir mejor, que te anime, algo alegre.

3. Escuchar una buena música

De preferencia escucha tus canciones favoritas, las que te hacen sentir alegre, aquellas que te hacen sentir feliz. Es increíble cómo cambia la vibración con una buena canción, ya sea alegre o tipo meditación que te ayude a relajarte.

Por ejemplo, en lo personal, una de las cosas que hago para cambiar mi estado de ánimo es escuchar una canción alegre. Por eso te recomiendo una canción que te inspire, que te motive, la cual puedas escuchar diariamente al comenzar tu día.

Al mismo tiempo en que escuchas tu canción, trata de imaginar aquel sueño o anhelo que quieres, ya que al estar escuchando la canción que te inspira e imaginando tu sueño sientes la emoción como si ya se hubiera cumplido.

Lo más recomendable es hacerlo como un hábito y no solamente en los días en que no te sientes bien anímicamente.

4. Haz alguna actividad física

Es decir, estar en movimiento, mueve tu cuerpo. Puede ser algo tan simple como caminar, trotar, correr, bailar, hacer bicicleta, nadar, cualquier actividad que te guste, que te inspire.

Esto te ayudará a sacar cualquier emoción que te esté incomodando a través de la actividad física, además de que recargas tu energía de forma positiva y, cuando menos te lo esperas, notarás que te sientes mejor, tal vez no al 100 %, pero sí mejor, y así poco a poco sin darte cuenta logras salir de ese sentimiento o emoción que te impedía avanzar.

5. Hablar con tus amigos de mayor confianza

Muchas veces con el simple hecho de platicar lo que te sucede o que te está incomodando, ya sea con algún familiar de confianza o alguna amistad muy cercana a ti y de tu confianza, te ayudará a sentirte mejor.

¿Por qué de tu confianza? Porque puede ser que en esos momentos tal vez estés más sensible que en otras ocasiones y no se trata de estar hablando con todo el mundo acerca de las cosas que te incomodan o te lastiman, ya que corres el riesgo de que te juzguen mal o de que en lugar de que te comprendan lo perciban como una queja, o simplemente no les interesa. Pueden llegar a hacer algún comentario o dar su opinión y te acaben lastimando más.

En cambio, un amigo de tu confianza, primero que nada, te va a escuchar, segundo, no te va a juzgar y, tercero, va a tratar de ayudarte, ya sea a través de un consejo o a través de su punto de vista, para que tengas otra perspectiva de las cosas que no habías notado, o simplemente con el hecho de escucharte e interesarse en tus cosas de forma genuina.

Esto puede ser ya sea al salir con tu amigo o por teléfono, lo importante es que tengas a alguien de tu confianza con quien platicar, no te cierres, no te apartes.

Hay veces que sí necesitamos estar a solas, pero cuando, por ejemplo, te sientas deprimido, es cuando menos te tienes que apartar, porque tus emociones están revueltas y tal vez no estés pensando de forma clara. Es cuando más necesitas estar en contacto con tus amigos cercanos, que sabes que te quieren de verdad y que te aceptan tal como eres.

6. Escribir

Puede haber ciertas situaciones que te incomodan o te duelen, de las cuales te cuesta más trabajo hablar. Por ello el papel y la pluma pueden ser tus mejores amigos para desahogarte.

Haz una prueba, escribe tus emociones y después de unos días, cuando ya te sientas de nuevo con serenidad, relee lo que escribiste y verás cómo va a ser otra tu percepción. Puede que al principio vuelvas a sentir la emoción, entonces vuelve a escribir y vuélvelo a guardar y, después de unas semanas, vuelve a leerlo y verás que ya no tiene la misma importancia como en aquel momento en que la emoción se encontraba en un punto álgido.

Con esto no quiere decir que no haya sido verdadera la emoción que sentiste, pero significa que ya pasó, la dejaste salir, te liberaste y nuevamente has ganado tu serenidad y, por lo tanto, tu estabilidad emocional.

Es por eso que las emociones no hay que negarlas, aprovéchalas para aprender a conocerte más a ti mismo a través de ellas, logrando gestionarlas de una manera adecuada y de forma tal que no te impidan avanzar.

Verás cómo nuevamente conectas con tu Ser, con tu Yo Superior, con Dios y vuelves a fluir con la vida.

Ante todo, recuerda tomar en cuenta que para fluir el secreto está en: **"Disfrutar lo que estás haciendo o aquello que quieres lograr sin apegarte al resultado, simplemente disfrútalo"**. Así no solamente lograrás fluir, sino que el único riesgo que puedes correr es **¡ver realizado tu sueño!**

7. Leer

En lo personal, una de las cosas que más me ha ayudado ha sido la lectura, sobre todo los libros de superación personal, ya que muchas veces ha sido a través de los libros que he aprendido a ver las cosas de otra manera o me han ayudado a despejar alguna duda, a tomar una buena decisión, etcétera.

Cuando lees sobre un tema de tu interés adquieres una nueva idea, una respuesta que estabas buscando o simplemente obtienes nuevas referencias, etcétera.

Además de que tu mente está enfocada en lo que estás leyendo, no solo estás enfocado, sino que aprendes nuevas ideas, nuevas cosas, las cuales puedes aplicar en tu vida, sobre todo aquellas que consideres más apropiadas para tu bienestar.

8. Seguir ejemplos de personas con resultados

Te sugiero leer las vidas de personas que hayan superado algunas o varias dificultades en su vida y decirte que si ellos lograron salir adelante, a pesar de las dificultades o desafíos, tú también lo puedes hacer.

Es por eso, nunca te des por vencido, recuerda que siempre hay alguna manera de salir adelante, y si no sabes cómo, entonces sigue a las personas con resultados, a las personas admirables que han superado grandes desafíos y que son un gran ejemplo de inspiración, de motivación, de perseverancia y determinación.

Un ejemplo de ese tipo de personas con determinación que nunca se rindió, que nada lo detuvo para conseguir su sueño, es el actor estadounidense Sylvester Stallone, de quien a continuación te comparto su historia de superación personal.

Historia de Sylvester Stallone | superación personal y motivación

Perseverancia y convicción son las palabras que definen a este actor, una de las estrellas más famosas de Estados Unidos, con un patrimonio neto de alrededor de doscientos setenta y cinco millones de dólares, creador de los icónicos personajes de Rocky Balboa y Rambo, pero llegar a este punto no fue tarea fácil.

Sylvester Stallone tuvo que enfrentar varios obstáculos en su vida para poder cumplir su sueño de ser actor. Dificultades y decisiones difíciles lo frecuentaron.

Desde su juventud su mayor deseo era convertirse en un actor, un deseo tan arraigado a su ser que, a pesar de los 1.500 rechazos por parte de las agencias de *filmes* de Nueva York, desistir nunca se cruzó por su mente. Eso mismo hizo que ignorara los repetidos gritos de quien en ese momento era su esposa, diciéndole que se buscara un trabajo debido a la pobreza en que vivían.

Pero Stallone pensaba que conseguir un trabajo acabaría con su sed de éxito, su deseo y su sueño más grande, siendo destruido por la comodidad y el conformismo, pero las cosas no mejoraron.

La pobreza lo llevó a vender las joyas de su esposa, lo cual fue la gota que derramó el vaso, convirtiéndose en motivo de divorcio, dejando a Stallone en el peor de los momentos, sin dinero o comida, quedándole como única compañía su fiel amigo, su perro llamado Budcoss.

Su vida decayó tanto que al ver que no podía darle de comer a su perro, decidió, con todo el dolor de su alma, venderlo. Se quedó en las afueras de una tienda de bebidas alcohólicas para intentar venderlo por cincuenta dólares.

Al final terminó vendiéndolo a un hombre por tan solo veinticinco dólares, convirtiéndose ese día en uno de los más tristes de su vida. Luego de finalizar la venta, dio media vuelta y se fue llorando, comenta el actor.

El momento de la inspiración llegó cuando veía un combate de boxeo entre Mohamed Alí y Chuck Wepner. La inspiración fue que escribió el guion completo de *Rocky* en tan solo veinte horas con la aspiración de venderlo y ser el actor principal, para lo cual recibió una oferta de ciento veinticinco mil dólares. Por fin las cosas se tornaban diferentes.

Se lograba sentir más cerca de su sueño hasta que escuchó la condición de la productora, diciendo que él no podría ser el actor principal, argumentando que necesitaban a un verdadero actor para Rocky y esa persona no era él.

Sumándole su forma de hablar, secuela de una dificultad en el parto que le impedía mover la boca adecuadamente. Al escuchar esta condición, su respuesta inmediata fue "NO".

La productora siguió intentando negociar, hasta ofrecer la suma de 350,000 dólares, pero su respuesta seguía siendo "NO". Pasado un tiempo, la productora decidió aceptar el trato y darle el papel protagonista, pero con la condición de que solo recibiría 35,000 dólares.

Rocky se convirtió en una de las películas más exitosas del cine americano e inclusive ganando un Óscar como mejor película, mejor dirección, mejor montaje e inclusive mejor actor.

Lo siguiente que hizo fue pararse durante tres días seguidos a las afueras de la tienda de licores y esperó ahí hasta encontrar al hombre que había comprado su perro. Cuando lo encontró le intentó explicar por qué lo había vendido y le suplicó que se lo revendiera, a lo cual el hombre se negó, por lo que terminó comprándolo por 15,000 dólares.

Sylvester Stallone logró su sueño de ser actor, convirtiéndose en una superestrella con el éxito de las cuatro secuelas de *Rocky* y seguidamente la saga de películas de *Rambo*.

Esta es una verdadera historia de motivación e inspiración para miles de soñadores, que no solo han sido golpeados por la vida, sino subestimados por su entorno, incluso familiar.

Pobre no es aquel cuyos sueños no se han realizado, sino aquel que nunca sueña. Así que recuerda lo bueno de que el tiempo pase rápido es que, si estás trabajando duro por tus sueños, no tardarás en verlos hechos realidad.

Fuente: https://www.youtube.com/watch?v=zRcdwIpAQMc

Reflexión: "Como el Lápiz" de Paulo Coelho

El niñito miraba al abuelo escribir una carta. En un momento dado…, le preguntó:

—¿Abuelo, estás escribiendo una historia que nos pasó a los dos? ¿Es por casualidad una historia sobre mí?

El abuelo dejó de escribir, sonrió y le dijo al nieto:

—Estoy escribiendo sobre ti, es cierto. Sin embargo, más importante que las palabras es el lápiz que estoy usando…

»Me gustaría que tú fueses como él cuando crezcas.

El nieto miró el lápiz intrigado y no vio nada de especial en él, y preguntó:

—¿Qué tiene de particular ese lápiz?

El abuelo le respondió:

—Todo depende del modo en que mires las cosas. Hay en él cinco cualidades que, si consigues mantenerlas, harán siempre de ti una persona en paz con el mundo.

Primera cualidad:

1. Puedes hacer grandes cosas, pero no olvides nunca que existe una mano que guía tus pasos. Esta mano la llamamos Dios y Él siempre te conducirá en dirección a su voluntad.

Segunda cualidad:

2. De vez en cuando necesitas dejar lo que estás escribiendo y usar el sacapuntas. Eso hace que el lápiz sufra un poco, pero al final estará más afilado. Por lo tanto, debes ser capaz de soportar algunos dolores, porque te harán mejor persona.

Tercera cualidad:

3. El lápiz siempre permite que usemos una goma para borrar aquello que está mal. Entiende que corregir algo que hemos hecho no es necesariamente algo malo, sino algo importante para mantenernos en el camino de la justicia.

Cuarta cualidad:

4. Lo que realmente importa en el lápiz no es la madera ni su forma exterior, sino el grafito que hay dentro. Por lo tanto, cuida siempre de lo que sucede en tu interior.

Quinta cualidad:

5. Siempre deja una marca. De la misma manera, has de saber que todo lo que hagas en la vida dejará trazos, huellas o recuerdos. Por eso intenta ser consciente de cada acción.

El Equilibrio

Muchas veces cuando quieres lograr algo con tanta fuerza puedes irte al extremo y, en lugar de lograrlo, corres el riesgo de frustrarte y después ya no quieres hacer nada o simplemente lo abandonas.

Esto es debido a la presión. Es por ello que es importante encontrar el equilibrio y saber diferenciar cuándo debes seguir, cuándo debes hacer una pausa, pero nunca rendirte.

Otro caso puede ser en cuanto a las emociones. ¿Te ha pasado que algunas veces te has dejado llevar por algún impulso porque en ese momento te dejaste llevar por la emoción? Sin embargo, cuando recapacitas, piensas: "Tal vez debí haber actuado de diferente manera".

"La calidad de nuestra vida depende en gran medida de la calidad de nuestras emociones".

Anónimo

Reflexión: La parábola de los dos lobos

Un viejo indio trataba de dejarle a su pequeño nieto una enseñanza que le durara para toda la vida y que marcara su camino. Una noche se sentó bajo el cielo estrellado y lo invitó a sentarse junto a él. Le platicó anécdotas de su historia que trascendieron y lo convirtieron en el viejo sabio que todos consideraban.

Le anticipó que le contaría algo que lo marcaría para siempre y esa fue la conversación que tuvieron y que seguramente el pequeño nunca olvidó.

—¿Sabes? En nuestro interior, todos tenemos dos lobos, constantemente ambos tienen una lucha imparable, una pelea tan terrible que no a todas las personas les es fácil lidiar.

—¿Los lobos? ¿Cómo es eso abuelo? —Con ingenuidad y asombro preguntó el pequeño niño.

—Sí, todos en nuestro interior tenemos dos lobos totalmente distintos, uno es malo, porque representa todos los malos sentimientos que pueden existir en un ser humano, la envidia, la ira, los celos, el orgullo, la codicia, el resentimiento, los miedos, la mezquindad, la culpa, el ego, la autocompasión y la arrogancia.

»Pero el otro representa todo lo bueno, el amor, la alegría, la esperanza, la generosidad, la paz, la fe, la bondad y la verdad, —le dijo el viejo indio a su pequeño nieto.

Entonces el pequeño preguntó:

—¿Y quién es más fuerte, abuelo? ¿Cuál lobo es el que gana?

—Eso, mi pequeño, depende de cada uno. ¿A cuál lobo alimentarías tú?

Reflexionemos:

Cada uno carga a su espalda y en su corazón una batalla propia. Ninguna puede compararse a la del vecino, ni a la de tu pareja, ni a la de tu mejor amigo. Todos llevamos nuestros miedos bien escondidos, huellas del pasado que aún no han cicatrizado y laberintos presentes, en los que a veces no hallamos la salida, en los que vemos más enemigos que aliados, pero hoy lideraré con la manada.

¿Existe alguna explicación al porqué nos ha tocado vivir determinadas situaciones? Hay quien dice que nuestros problemas son resultado directo de nuestros propios actos o malas decisiones.

No es cierto, esa regla no siempre es correcta. En ocasiones, las cosas fallan porque la adversidad nos sacude al azar, sin más, porque en quien confiaste ahora te falla, porque lo que antes era seguro ahora ya no lo es, porque la salud no siempre es de hierro, sino de cristal.

Y a todo hemos de hacerle frente. Lideraré a mis adversarios, combatiré las dificultades. Reflexiona durante unos instantes.

¿Cuál fue tu primer momento con la adversidad? Suele decirse que las personas perdemos nuestra inocencia en el momento en que aparece la primera dificultad, la pérdida o ese revés que cambió nuestro modo de ver el mundo para siempre.

Somos conscientes de que, en ocasiones, las grandes palabras se quedan en nada, en humo que escapa por una ventana abierta a través de frases motivacionales que muchos no pueden aplicar a la realidad, a pesar de ellos y de que tus dificultades son especiales vale la pena que pienses en ello, que rompas alguno de tus esquemas internos para vencer enemigos externos.

Ten en cuenta esos aspectos, piensa en ellos. No hay peor enemigo que tus propios pensamientos limitantes. En ocasiones, llegamos a pensar que nuestro alrededor está lleno de lobos, de amenazas constantes que vetan nuestro crecimiento personal, nuestra felicidad.

Cambia tus pensamientos y cambiarás tu realidad. Y no, no es una frase hecha. Quítale poder a quien te hace daño o te lo hizo en el pasado, avanza sin pesos inútiles. No incrementes tus sufrimientos con callados resentimientos, di lo que piensas y pon límites.

Cómo hacer frente a las dificultades. En ocasiones, nos cansamos de que nos digan aquello, de que el mayor aprendizaje nos lo ofrecen las adversidades, momentos vitales que nos ponen a prueba para que, a través del sufrimiento, adquiramos conocimiento.

Todos vivimos en el aquí y ahora, batiendo los problemas y esperando que ese conocimiento vital nos caiga del cielo para mejorar nuestra situación.

¿Hasta cuándo debemos esperar? ¿En qué momento lideraré por fin a mi manada de lobos si vivo entre ellos durante mucho tiempo? Hay quien llega a acostumbrarse a vivir con sus enemigos.

Acepta, asume y se deja llevar por miedo al cambio, por temor a lo que pueda ocurrir. No podemos criticarlo, porque cada uno es libre de vivir la vida que desee, aunque sea con los lobos de la infelicidad y la frustración.

Lidera tu vida y te aseguramos que el esfuerzo vale la pena. Para ello, reconoce a tus enemigos, los exteriores y los interiores.

¿Es el miedo? ¿Es la indecisión? ¿Te sientes inseguro o insegura? Pon nombre a lo que te ocurre. ¿Eres infeliz al lado de alguien? ¿La vida que tienes ahora no te hace feliz? ¿A qué le tienes miedo?

Es el momento de imponer tu voz, pero empezarás hablando contigo mismo. ¿Qué necesito para sentirme mejor?

¿El esfuerzo va a merecer la pena? ¿De qué modo lideraré a mis miedos para hacerlos desaparecer? ¿Y a mis enemigos exteriores? Échame a los lobos y lideraré la manada.

La verdad es que cuando llegamos a este mundo nadie nos asegura que nuestros días van a ser plácidos. Alguien en alguna parte debería advertirnos de que debemos aprender cuanto antes a ser líderes en manadas de lobos, criaturas fuertes ante toda adversidad.

¿Eres tú también un luchador?

Fuente: https://www.youtube.com/watch?v=oV10WejkA-U

Un paso a la vez

Existe un dicho mexicano que me gusta mucho porque encierra mucha verdad, y dice así:

"El que mucho abarca, poco aprieta".

¿Te ha pasado que tienes muchas cosas que hacer a la vez, pero no sabes por dónde empezar? O, por ejemplo, si quieres vender, abrir un negocio, y apenas te empieza a ir bien y ya quieres abrir otro. Y con esto no quiero decir que no sea bueno crecer, pero es importante primero tener la primera base sólida para poder dar el siguiente paso.

Lo mismo sucede con todo lo demás, por ejemplo, si en tu trabajo tienes varias tareas o actividades que realizar y todas son importantes, pero empiezas una, la dejas a medias, empiezas con la siguiente tarea, también la dejas a medias, después comienzas con la tercera actividad y así sucesivamente.

¿Qué pasa entonces? Que no estás enfocado al 100 % en cada actividad o tarea que estás realizando, tus cinco sentidos no están enfocados en dicha tarea, por lo tanto, realizas una más o menos bien y así las demás.

Te recomiendo que primero realices una y te concentres al 100 % en ella y, una vez terminada, pasas a la siguiente tarea, también la terminas y después continúas con la tercera y así sucesivamente, ya que de lo contrario puedes correr el riesgo de no hacerlas bien o de equivocarte, además de que te aceleras y te estresas.

Puedes decir: "Sí, pero todas son urgentes". Sí, pero te sugiero que evalúes para detectar, por ejemplo, cuáles son las cinco más prioritarias y anotar por orden de importancia cuáles tienes que hacer primero, eso te va a dar una claridad más amplia y te disminuye el nivel de estrés.

Ya que otra de las cosas que puede pasar al querer hacer varias cosas a la vez es que no solamente te estresas y corres el riesgo de no hacerlas bien, sino que las tienes a medias, sin concluirlas. Algunas veces te puedes sentir bloqueado y eso te impide poder avanzar con mayor fluidez y claridad hacia tus objetivos o metas que realizar.

Es por ello que te sugiero primero realizar una tarea, un paso a la vez, y por eso menciono ese dicho tan cierto que dice: "El que mucho abarca, poco aprieta".

Un ejemplo muy simple es a nivel físico, por ejemplo, si estás en la cocina y quieres recoger de la mesa tu plato, tu vaso, el salero y las tortillas por evitar dar dos o tres vueltas para recoger la mesa, entonces corres el riesgo de que se te caiga algo y se rompa, y al rato tienes que trabajar más en barrer lo que se te cayó y limpiar todo y ya trabajaste el doble por querer evitar hacer una cosa a la vez.

Esto es porque al querer sujetar varias cosas a la vez no se tiene la misma seguridad y fuerza con la que agarrarías una sola cosa.

El aprendizaje que transmite ese dicho o refrán es que cuando queremos hacer varias cosas a la vez no podemos realizar ninguna del todo bien, por lo que es mejor enfocarse en una cosa a la vez para que tengas un buen resultado.

CAPÍTULO 4

LA ATENCIÓN

Cuando pienso en la palabra atención, lo primero que me viene a la mente es cuando dos personas están hablando entre ellas, y me pregunto:

¿Realmente está escuchando uno al otro? Porque una cosa es oír y otra muy diferente es escuchar.

¿Cuántas veces te ha pasado que estás platicando con alguien y ya le comentaste algo y a los pocos minutos te pregunta sobre lo que le acabas de decir?

Te das cuenta de que realmente no te estaba poniendo atención, te estaba oyendo, pero no te estaba escuchando con atención.

¿Esto a qué se debe? Desde mi punto de vista, yo creo que es debido a que hoy en día vivimos en un mundo con prisas porque tenemos muchas cosas que hacer y a veces sentimos que no nos alcanza el tiempo para hacer todo. El mayor reto es la organización y gestión del tiempo.

O, por ejemplo, ¿cuántas veces te ha pasado que todavía no terminas de decir lo que tienes que decir y la otra persona ya te está contestando sin saber lo que le ibas a decir?

No sé si te ha pasado también que algunas veces, aunque aparentemente te escuchen, por ejemplo, sobre una indicación o instrucción sobre cómo realizar alguna actividad, la otra persona la realiza totalmente diferente a como le dijiste.

¿Por qué sucede esto? Esto es porque vivimos distraídos. Mientras alguien nos habla la mente a veces está divagando en otros pensamientos o en otras ideas y realmente no estamos escuchando atentamente y se corre el riesgo de que, por comprender mal una indicación, no se realice de forma correcta la actividad que se tenía que realizar.

En lo personal, a mí me pasó muchas veces al principio, cuando tenía poco tiempo de haber llegado a México y estaba aprendiendo el español, cuando estaba estudiando en la escuela y tenía un examen, después sacaba mal una pregunta del examen porque no había comprendido la pregunta del mismo.

Entonces, lo que hacía era preguntarles a mis maestros qué quería decir la pregunta y me explicaban, y me daba cuenta de que sí sabía la respuesta, pero no había comprendido la pregunta. Obviamente ya no era válido el que yo supiera la respuesta, y poco a poco, conforme fui aprendiendo más el español y entendiéndolo, era mejor mi comprensión del idioma y menos frecuentes ese tipo de errores.

Lo que quiero resaltar de todo esto es precisamente la importancia de comprender bien las cosas para así poder realizarlas correctamente, tanto la atención como la buena comunicación.

"Saber escuchar es más que tener la capacidad de oír las palabras de los demás. Es, principalmente, poseer la capacidad de dejar de oír nuestras propias palabras".

DAVID FISCHMAN

Reflexión: ¿Qué es escuchar en forma plena?

Estar consciente.

"Once you awaken, you will have no interest in judging those who sleep".

JAMES BLANCHARD

"Cuando despiertes ya no tendrás necesidad de juzgar a los que siguen dormidos".

JAMES BLANCHARD

¿Qué es vivir conscientemente? Es estar en el presente, es estar atento/a a lo que estás haciendo o viendo involucrando todos tus sentidos.

Por ejemplo, ¿cuántas veces te ha pasado que vas manejando desde tu casa hacia tu trabajo y no te das cuenta de cómo llegaste? Es decir, no te fijaste cuando pasaste por la tienda de la esquina de tu casa o cómo entraste al estacionamiento de tu trabajo. Esto es debido a que no solo vas manejando de forma automática, sino que tu mente empieza a divagar con pensamientos durante todo el camino y ni cuenta te das de cuándo pasaste el semáforo o la tienda o la cuadra.

En su mayoría son pensamientos inconscientes, y en caso de que algunos de ellos tiendan a ser negativos, cuando menos te des cuenta, te empiezas a sentir desanimado y no sabes muy bien por qué.

Nuevamente esto se debe a que no estamos conscientes de lo que estamos pensando, por lo tanto, no tenemos control sobre ello y mucho menos de lo que sentimos, además de que estamos distraídos.

En lo personal, me considero una persona poco observadora, bueno o malo, no lo sé, pero, por ejemplo, me ha pasado que de repente veo una tienda de ropa y algo llama mi atención y entro a ver, y les pregunto a los que me están atendiendo: "¿Es nueva esta tienda?". Me sorprendo cuando me dicen: "No, ya tiene dos años".

¡Qué impresión! No sé cuántas veces he pasado por ese lugar y apenas me estoy dando cuenta de esa tienda. ¿A qué se debe? Tal vez se debe a que yo tenía interés en comprarme un vestido y, como mi atención está enfocada en eso, entonces me percaté de la tienda. En cambio, cuando no estaba interesada en comprarme un vestido, ni siquiera me había percatado de ella.

Por lo tanto, llegué a la siguiente conclusión personal:

Observas aquello en lo que te enfocas, a lo que le pones tu atención, aquello que resulta de tu interés.

No digo que esté bien o esté mal, pero sí me he preguntado: "¿Por qué si he pasado tantas veces por ese lugar no me había dado cuenta antes?".

Es debido al interés que pueda tener o representar, es decir, el significado que tiene para cada persona. Esto también puede pasarte en otras cosas, por ejemplo:

¿Cuántas veces te ha pasado que no te acuerdas dónde guardaste algo por lo bien que lo guardaste? Por ejemplo, las llaves de tu casa o las llaves de tu coche. ¿Alguna vez te ha pasado que no recuerdas dónde las pusiste y por más que buscas, no las encuentras y te empiezas a poner más nervioso/a y menos las encuentras?

Parece como si la mente se bloqueara por un momento y entre más insistes menos te acuerdas, tan solo te estresas más. No es sino hasta que te relajas un momento que empiezas a hacer memoria, empiezas a recordar los posibles lugares donde pudiste haber dejado tus llaves y entonces las encuentras.

Una vez se me perdieron las llaves del cajón de mi oficina, estaba muy preocupada porque no las encontraba, eran las únicas llaves que había, las busqué por todos lados y nada. Después pensé buscarlas en el lugar menos imaginado. ¿Dónde crees que estaban?

¡Estaban en el bote de la basura! Pensé: "Menos mal que las encontré", pero aprendí una gran lección:

Es mejor que me tarde cinco minutos más en ordenar mis cosas antes de retirarme, que por querer salir rápido pierda algo importante y después esté preocupada o estresada porque no recuerdo dónde lo guardé.

Es horrible que aun estando "despierta" no te puedas acordar de ciertas cosas que hiciste, como algo tan simple como dónde guardaste las llaves. ¿Y cómo es que se fueron a caer en el bote de la basura?

Esto solo me indica o que tenía mucha prisa o que quería hacer varias cosas a la vez. En cambio, si pones toda tu atención en lo que estás haciendo, si realmente te enfocas, no solo te vas a acordar, sino que lo vas a hacer muy bien.

Porque esa sensación de no poder recordar aun estando "despierto/a" llega a ser muy frustrante. ¿Cómo es posible que algo que parece tan simple y sin importancia en realidad te pueda generar tanto estrés?

Por ejemplo: cuando no encuentras una llave, un documento o cualquier otra cosa importante, porque no estabas consciente de lo que estabas haciendo en ese momento, sino que estabas en modo automático y por eso te cuesta trabajo recordar.

A continuación, te comparto algunos hábitos que aprendí y que, en lo personal, me funcionaron y sigo practicando al día de hoy:

1. **Atención y calma:**

   Es mejor hacer las cosas con calma, prestando toda tu atención en eso que estás haciendo, que realizarlo con prisa, ya que corres el riesgo de hacerlo mal o de perder algo importante y después estás preocupado/a buscándolo.

2. **El orden:**

   Por ejemplo, guardar las llaves de tu casa en un mismo lugar es una buena manera de recordar dónde están, así cuando las necesitas ya sabes de dónde las vas a tomar, y de igual manera cuando las quieres guardar, las colocas en el mismo lugar.

3. **Escribir:**

   Por ejemplo, desde una simple lista para ir al supermercado te ayuda a organizar tus ideas y así no corres el riesgo de que se te olvide algo y no tienes que volver a regresar.

   Otro ejemplo, si estás en tu oficina te recomiendo escribir las diez prioridades del día y así te enfocas en la primera, al terminarla continúas con la segunda y así sucesivamente hasta terminar las diez prioridades del día.

   ¿Te has preguntado por qué algunas cosas sí las puedes recordar fácilmente y por qué otras no tanto?

   Desde mi punto de vista, las que sí recuerdas, tal vez se debe a un impacto emocional, ya sea bueno o malo, que te hayan causado o por el interés que pudieron generar o despertar en ti.

Por el contrario, si no recuerdas, o fue por falta de atención al 100 %, con todos tus sentidos, por las prisas, o porque simplemente no despertó tu interés.

Fluir

¿Te ha pasado que muchos de los consejos que te llegan a decir en repetidas ocasiones son: "Deja que fluyan las cosas"?

Se entiende el concepto, pero tal vez te preguntes: "Sí, pero ¿cómo lo llevo a la práctica?".

¿Qué pasa si estás atravesando por momentos difíciles y todo el mundo te dice: "Deja que fluyan las cosas"? Lo entiendes, pero no sabes cómo hacerlo.

CAPÍTULO 5

ESTAR DESPIERTO, ALERTA Y ATENTO

Desde hace poco tiempo, cuando empecé a estar más atenta a lo que sucede a mi alrededor, en el sentido de estar más presente, escuchar atentamente, observar atentamente, realizar una actividad enfocada, concentrada con toda mi atención en lo que estoy haciendo, es increíble cómo empecé a darme cuenta de tantas cosas de las que antes ni siquiera me percataba.

No me daba cuenta porque no las observaba, porque no estaba en mi presente o estaba pensando en lo tenía que hacer al día siguiente o estaba pensando en lo que hice ayer, por poner algún ejemplo.

Sin embargo, al empezar a entrenar a mi mente para estar en el presente, comencé a encontrar muchas respuestas, a aprender de las personas, de los niños, de los adolescentes, hasta de los más mínimos detalles que iban sucediendo día tras día a mi alrededor.

Reflexión: El Sabio y el Viajero

Antes de partir, el sabio le dijo al viajero:

—No te olvides de que el viajero se vuelve sabio cuando mantiene en su conciencia constantemente que es un viajero, que está de paso en este mundo, que lo permanente está dentro de él: sus valores, sus cualidades, su propia eternidad.

»Toma tus precauciones; a veces se presentan obstáculos. Hay que tomar en cuenta que hoy en día muchos se cansaron de ser niños y quisieron crecer abruptamente y ahora quisieran ser niños otra vez. Que otros perdieron su salud por buscar riqueza, y ahora pierden su riqueza para restaurar su salud.

»Que muchos –por pensar ansiosamente sobre el futuro– se olvidan del presente y acaban no viviendo ni en el futuro, ni en el presente. Otros viven como si nunca se fueran a morir, y luego mueren como si nunca hubieran vivido.

El viajero le dice al sabio:

—Los seres humanos tenemos mucho que aprender en el camino de la vida. Dime qué necesito saber antes de seguir mi viaje. Los seres humanos tenemos que aprender mucho a cada paso que damos.

—Aprender que no podemos hacer que alguien nos ame, sino dejarnos amar. Que toma años construir la confianza, y solo pocos segundos destruirla.

»Que lo más valioso no es lo que tenemos en la vida, sino a quién tenemos en la vida. Que no es bueno compararnos con los demás. Habrá siempre quien es mejor o peor.

»Que la persona rica no es la que más posee, sino la que necesita menos. Que debería aprender control sobre las actitudes, si no, son las actitudes las que nos controlan a nosotros.

»Que nos toma solo segundos abrir heridas muy profundas en las personas que amamos, y nos toma muchos años poder curarlas.

»Que hay que entender que puede ser que haya alguien que nos ame, y, sin embargo, no siempre sucede que sepa expresar sus sentimientos.

»Que el dinero puede comprar todo, menos la felicidad. Que a veces nos podemos molestar por algo, pero eso no nos da el derecho de molestar a otros. Que a veces no es suficiente ser perdonados si no nos sabemos perdonar a nosotros mismos.

»Que los seres humanos son amos y dueños de lo que poseen, pero son esclavos de lo que dicen. Que siempre cosecharemos lo que plantamos. Si plantamos habladurías, vamos a cosechar intrigas. Si plantamos amor, vamos a cosechar felicidad.

»Que la verdadera felicidad no es lograr metas, sino aprender a sentirnos satisfechos con lo que logramos, sin que la envidia o los celos se apoderen de nosotros por lo que nos falta.

»Aprender que dos personas pueden estar viendo la misma cosa, y, sin embargo, están viendo algo totalmente diferente. Aquel que es honesto consigo mismo, a pesar de los obstáculos, llegará lejos en su camino.

»Para aprender esto y muchas otras cosas necesitas de ocho poderes. Estos son, en realidad, tu capacidad de poner en práctica tus propios valores:

1. **El Poder de Empacar el pasado:**

   No importa el país, no importa qué cultura sea, la mayoría de nosotros, los seres humanos, pasamos gran parte de nuestro tiempo recordando cosas que ya han sucedido. Volvemos a vivir el pasado una y otra vez, a veces imaginando, como si lo estuviéramos escribiendo otra vez… ¡Si solo hubiéramos tenido la fuerza de! O a veces nos ponemos a imaginar cómo será algo en el futuro.

   Nuestra mente incluso reacciona a cosas que puede ser que nunca sucedan. Y mientras revivimos el pasado e imaginamos el futuro, la vida pasa –ahora mismo– mientras no le ponemos atención.

Cuando desarrollas el poder de empacar, dejar ir el pasado, dejar que el futuro se desenvuelva como realmente será, podrás dejar que tu corazón se sienta ligero, sin ningún peso. Tu mente estará clara y libre, estarás libre para vivir el presente, estarás libre para vivir la experiencia de tu propia vida.

Como dice *El Tao del viajero*: "Lo primero es enfocarte, empacar lo que ha pasado y dejar aparte lo que está por pasar. Así, el sabio reivindica el control de su mente".

2. **El Poder de Tolerar:**

La vida está llena de sorpresas. Las cosas que planeamos pueden salirse de su curso abruptamente con mucha facilidad. No tenemos control sobre otra gente, no tenemos control sobre la naturaleza; tampoco podemos tener control sobre las circunstancias, no importa cuántas veces lo intentemos. Pero no es esto lo que nos hace felices o infelices.

Esto sucede solo si nosotros lo permitimos. Son nuestras propias respuestas emocionales ante la vida las que nos dan felicidad o sufrimiento, y estas sí podemos controlarlas.

Una vez que hacemos nuestro este poder espiritual, incluso la peor de las circunstancias nunca podrá derrotarnos. El poder de la tolerancia no es jamás una aceptación no deseada, sino que es la habilidad de estar contento auténticamente –en cualquier circunstancia– y la fuerza de ser inquebrantable se vuelve nuestra.

Como es dicho en *El Tao del viajero*: "Profundamente en la conciencia de ser un alma, el sabio **planta las raíces de su mente.** Como un árbol que se dobla con el viento, el viajero tolera todo y permanece inquebrantable". Este es el segundo poder.

3. El Poder de Adaptarse:

La mente humana no tiene límites, el corazón no tiene fronteras. Tenemos capacidad para una variedad infinita de diferentes tipos de pensamientos y amor para tanta gente como queramos.

El corazón es un pozo que nunca se seca. Es el poder espiritual el que nos permite aceptar las diferencias en la gente, en ideas, en la cultura, en la vida.

Al aceptar las diferencias, nuestra mente se abre y nuestro corazón se vuelve generoso. Así, vivir unos con otros se vuelve algo fácil, que hace ser felices.

Como es dicho en *El Tao del viajero*: "El Señor del amor nunca cierra la puerta. Siguiendo al maestro, el sabio se adapta a las diferencias y nunca permite que se cree alguna diferencia". Este es el tercer poder.

4. El Poder de discernir:

Bueno o malo, feliz o infeliz, nuestra vida está completamente determinada por las elecciones y decisiones que hacemos en algún momento de nuestra vida.

A pesar de que no nos acordemos de haberlas hecho. A pesar de que hacemos cosas tan automáticamente que no parece una elección, siempre lo es.

Para que nuestras decisiones sean las correctas, necesitamos ser capaces de discernir lo bueno de lo malo, lo verdadero de lo falso.

Necesitamos la habilidad de ver claramente, ver las cosas como son realmente, no importa qué tan bueno sea el disfraz. Esto nos permite dirigir el curso de nuestra vida, que nos llevará adonde queremos ir realmente.

Como dice *El Tao del viajero*: "Trucos e ilusiones están en todos lados, y el camino puede estar inundado de un diluvio de palabras. El sabio discierne, encontrando el diamante entre la bisutería". El cuarto de los poderes es este.

5. El Poder de Juzgar:

Viendo claramente cuáles son nuestras preferencias en la vida, siendo capaces de determinar lo correcto de lo incorrecto, la verdad de la falsedad, esto es solo la primera mitad de nuestras acciones en la vida, sobre las cuales después tenemos que decidir.

Si hay dos buenas acciones, tres decisiones honorables, todavía hay un juicio que hacer: ¿Cuál de entre las opciones es la que me corresponde hacer?

Como en la balanza espiritual, el poder de juzgar nos permite valorar hasta la última consecuencia de nuestras acciones y las acciones de los otros.

Como es dicho en *El Tao del viajero*: "Viendo sus propias acciones tan claramente como ve la de su hermano, el sabio nunca deja que el deseo influya en su decisión". El juicio preciso es el quinto de los poderes.

6. El Poder de Afrontar:

Tener valor cuando se afronta el peligro, conquistar el miedo cuando nos sentimos amenazados, mantener la calma cuando el comportamiento de la gente nos intimida.

Esto es admirable. Pero reconocer nuestras debilidades, afrontar las sombras en el interior de nosotros mismos con honestidad, este es el valor más elevado en el comportamiento humano.

Al vernos con honestidad podemos ver a los demás con una comprensión auténtica. Esta cosa solamente puede cambiar una vida.

Como dice *El Tao del viajero*: "Incluso el viajero sabio es asediado por los obstáculos. El sabio afronta las rocas en el camino y las debilidades dentro de sí con la misma valentía". Afrontar con Poder es el sexto de los poderes.

7. El Poder de la Cooperación:

Nosotros, los seres humanos, podemos hacer cosas sorprendentes cuando trabajamos juntos. Dar nuestro tiempo, nuestra energía y nuestra experiencia a otras personas es una cosa admirable.

Esto ayuda a que la vida funcione, pero hacer nuestro papel poniendo cuidado más en el resultado que en la gratitud de los demás. En el grupo más que en sí mismo. Cuando vamos más allá de querer reconocimiento y dejamos a un lado la necesidad de estar en lo correcto. Entonces –verdaderamente– el total es mucho más que la suma de sus partes. Con este tipo de cooperación no hay nada que no se pueda hacer.

Como es dicho en *El Tao del viajero*: "Creando alianzas, el sabio ayuda a sus compañeros. Dos pueden lograr lo que uno solo no puede; cooperando en todo, él honra a sus compañeros". Cooperar es el séptimo poder.

8. El Poder de Retirarse o de Introspección:

No importa dónde estemos, qué tipo de vida hayamos escogido; lo que era calma se puede volver caos en un segundo.

La violencia viene en muchas formas, y -como el mar- una vida que puede ser serena y hermosa se puede volver turbulenta y trágica.

A veces no podemos abandonar el lugar en donde gobierna el desorden, el caos, pero podemos aprender a ir a lo más profundo del interior de nuestro propio ser, sin que nada nos afecte.

Aprender a retirarse es un poder espiritual que podemos llevar con nosotros en cualquier situación. Es una protección que siempre está con nosotros.

Como es dicho en *El Tao del viajero*: "Cuando la insensatez empieza, los ladrones gobiernan. El sabio sin inmutarse se retira. El retirarse sin culpa es sabiduría". Este es el octavo de los grandes poderes.

Fuente: https://www.youtube.com/watch?v=t9jFWrKmmiw

CAPÍTULO 6

CUANDO PIERDES EL RUMBO O CUANDO SE DESVÍA TU CAMINO

¿Alguna vez te ha pasado que hay momentos en tu vida en que sientes que te desvías de tu camino y no sabes cómo retomarlo nuevamente?

¿Has tenido la sensación de que a veces las cosas parecen no tener sentido?

En lo personal me ha pasado muchas veces, sobre todo en cada cambio de ciudad y en cada comienzo, aparentemente parece como si –aunque no físicamente– pero como si regresaras al mismo punto de partida, en el sentido de volver a comenzar, y te hace falta tener estabilidad, en cuanto a dónde vivir, dónde vas a trabajar, estabilidad económica. Como he mencionado en mi primer libro de la trilogía "RESILIENCIA… Eres más fuerte de lo que crees".

Pareciera algunas veces como si las cosas no tuvieran sentido, te esfuerzas mucho y regresas al mismo punto de partida, sin embargo, en algún momento de tu vida, poco a poco, las cosas empiezan nuevamente a tomar forma.

Al principio parece un caos, un rompecabezas, y solamente con el tiempo, cuando miras para atrás, es cuando te das cuenta de que todo tuvo sentido y que por muy confuso o incierto que pudiera parecer en un principio, después todo empieza a encajar y a tener sentido.

Toma tiempo entenderlo, ya que muchas veces te esfuerzas, luchas por tus sueños por largo tiempo y cuando no ves resultados es muy fácil desanimarte, frustrarte y llegar a pensar que tus sueños tal vez son muy altos y no se van a cumplir, pero no es así, es tu mente la que está tratando de protegerte y te dice cosas como "Es muy bueno para ser cierto", o te quiere convencer para que te des por vencido y renuncies a tu sueño, pero, si lo haces, nunca sabrás las sorpresas buenas que te depara la vida.

Una de las preguntas que más me hacía en los momentos de desánimo era: ¿Realmente esto tiene sentido? ¿Tiene sentido luchar por este sueño? ¿No será que estoy siendo muy ingenua?

Hasta que un día por fortuna leí una historia que compartió el escritor Paulo Coelho de Jorge Luis Borges que decía:

"Lectura para esta noche": Las cosas tal y como son.

Por supuesto que las cosas no ocurren siempre como nos gustaría. Hay momentos en los que nos parece que perseguimos algo que no nos está destinado, que nos estamos dando de bruces una y otra vez contra puertas que no se abren, que esperamos milagros que no llegan a suceder.

Menos mal que las cosas son así, pues si todo ocurriera como deseamos, en poco tiempo nos quedaríamos sin asunto para seguir escribiendo el guion de nuestra vida. Dicho guion se nutre de nuestros sueños, pero además se impulsa con la energía de nuestra lucha.

Y como sucede siempre con los guerreros que emplean su energía en el buen combate, hay ciertos momentos en los que es mejor relajarse y creer que el Universo continúa trabajando por nosotros en secreto, aunque no lo lleguemos a entender.

Dejemos, por tanto, que el Alma del mundo cumpla su misión y cuando no nos sea posible ayudarla, la mejor manera de colaborar con ella es prestar atención a las cosas sencillas de la vida, como las puestas de sol, la gente que pasa por la calle o la lectura de un libro.

De todas maneras, en muchos casos sigue pasando el tiempo y no termina de ocurrirnos nada excepcional. Pero el verdadero guerrero de la luz continúa creyendo de la manera que tienen los niños de creer. Y como creen en los milagros, los milagros empiezan a ocurrir.

Como está seguro de que su pensamiento puede cambiar su vida, su vida empieza a cambiar. Como está seguro de que encontrará el amor, el amor termina apareciendo.

De vez en cuando se decepciona, a veces se hace daño y entonces escucha cómo comentan: "¡Pero qué ingenuo es!".

Pero el guerrero sabe que merece la pena. Por cada derrota, cuenta con dos victorias a su favor.

En un interesante y minúsculo libro, *El breviario de la caballería medieval*, hay un texto que debe ser recordado en estos…

Momentos de espera:

"La energía espiritual del camino utiliza la justicia y la paciencia para preparar tu espíritu".

Este es el camino del caballero. Un camino fácil y, al mismo tiempo, difícil, pues obliga a dejar de lado las cosas inútiles y las amistades relativas. Por eso, al principio se duda tanto para elegirlo.

He aquí la primera enseñanza de la caballería:

Borrarás lo que hayas escrito hasta el momento en el cuaderno de tu vida, inquietud, inseguridades, mentira, y escribirás en lugar de todo eso la palabra: CORAJE.

Comenzando la jornada con esta palabra y manteniendo la fe en Dios llegarás a donde necesitas.

A pesar de todo, a veces seguimos esperando con paciencia, con resignación, coraje, y las cosas que nos rodean no se mueven. Pero como este fue el camino que elegimos, es imposible que las bendiciones de la vida no estén trabajando a nuestro favor.

Cabe por tanto una profunda reflexión sobre lo que conocemos como "resultados". Nuestro destino se está manifestando de una manera que no llegamos a comprender totalmente, ¡pero se está manifestando!

Jorge Luis Borges escribió un cuento magistral sobre este asunto:

Describe el nacimiento de un leopardo que pasa gran parte de su vida en la selva africana, pero termina siendo capturado y llevado a un zoológico de Italia. A partir de entonces, el animal piensa que su vida ha perdido el sentido y que no le resta sino esperar el día de su muerte.

Cierta mañana, el poeta Dante Alighieri pasa por aquel zoológico, mira al leopardo y el animal le inspira un verso. Un verso entre los miles que componen *La Divina Comedia*.

"Toda la lucha por la supervivencia que aquel leopardo trabó fue para que pudiese estar aquella mañana en el zoológico e inspirase un verso inmortal", dice Borges.

Al igual que este leopardo, todos nosotros tenemos una razón, una razón muy importante para estar aquí en este momento, esta mañana.

Relajémonos por tanto y prestemos atención.

CAPÍTULO 7

EL VALOR DE LA CONSTANCIA Y LA PERSEVERANCIA

Para lograr cualquier meta u objetivo que te propongas en tu vida se requiere de fuerza de voluntad, de perseverancia, de paciencia y de ser constante, al ser constante se convierte en un hábito.

Un gran ejemplo de constancia, de perseverancia y de paciencia es el de **Thomas A. Edison** (1847-1931) quien experimentó más de mil "fracasos" antes de inventar la bombilla eléctrica.

Otro caso es el de **Hellen Keller** (1880-1968) quien quedó sordomuda y ciega por una enfermedad con poco más de un año de edad. No solo aprendió a comunicarse con los demás, sino que fue la primera persona sordomuda en los Estados Unidos en obtener un título universitario.

La mayoría de las personas fallan porque renuncian antes de tiempo, porque se desesperan, porque se desaniman. Es normal que a veces te sientas menos animado que en otras ocasiones, pero la clave está en no detenerte, sino en seguir adelante.

La gente de éxito se distingue de los demás por su constancia, por su perseverancia. La constancia requiere de esfuerzo, de perseverancia y sobre todo de paciencia, no perder de vista la meta a la cual se quiere llegar.

Por ejemplo, en algo tan sencillo como hacer ejercicios, si quieres tener resultados necesitas ejercitarte cada día o por lo menos de cuatro a cinco veces a la semana, durante un determinado periodo de tiempo.

O cuando quieres llevar a cabo un nuevo y sano régimen alimenticio, el cual, para obtener resultados, de igual manera necesitas ser constante.

Si lo haces bien tres días, pero al cuarto día comes un chocolate, al siguiente día lo haces bien, pero al sexto día comes un helado, así es poco probable que obtengas los resultados que deseas.

Si fallas un día, comienza de nuevo al siguiente hasta que logres la constancia, hasta que se convierta en un hábito y logres tu objetivo.

"La gota de agua no vence a la piedra por su fuerza, sino por su constancia".

ANÓNIMO

Reflexión/El Ejemplo de Derek Redmond

En los juegos Olímpicos de verano en Barcelona de 1992, en la carrera semifinal de 400 metros, Derek Redmond era el favorito para ganar el oro.

Se había preparado toda su vida para este momento, incluyendo cinco cirugías en el tendón de Aquiles. A 1,75 metros de la meta, sintió un tirón en el tendón de la corva y se desplomó al piso con gran dolor.

Pronto apareció personal médico, la carrera parecía acabada. A pesar del dolor, logró ponerse de pie y comenzó a cojear por la pista. Al ver a su hijo en problemas, su padre se abrió paso entre el público y saltó a la pista sacándose de encima al personal de seguridad que lo detenía.

—Aquí estoy, hijo. Deberías parar, no tienes nada que demostrar.

—Tengo que terminar esto, papá.

—Entonces vamos a terminarlo juntos.

El padre abrazó a su hijo y lo ayudó a cojear por la pista. Juntos cruzaron la meta ante la ovación de 65.000 personas.

Dios es así con nosotros, cuando estamos sufriendo y luchando para llegar a la meta, Nuestro Padre viene a socorrernos para que junto a Él podamos llegar.

¿Cómo va tu carrera?

Fuente: https://www.youtube.com/watch?v=uon4w1FJGZg

CAPÍTULO 8

CÓMO ENFRENTAR EL DESÁNIMO

¿Alguna vez te ha pasado que te encuentras atravesando momentos difíciles y te sientes sin ganas de hacer nada? Puedes llegar a sentirte desanimado o caer en depresión.

En estos casos, te sugiero que te permitas sentir esa emoción, es decir, no la reprimas, pero tampoco dejes que se quede por mucho tiempo, recuerda que las emociones son pasajeras.

Una manera para sentirte mejor es **expresar lo que sientes**, ya sea con alguien de tu confianza o escribiendo lo que sientes (aunque luego lo borres), pero no reprimas tus emociones, eso te ayudará a desahogarte y a tener otra perspectiva de tu problema.

Empieza por pequeñas acciones que te hagan sentir mejor, como **darte un baño** o **salir a caminar al parque** o estar en **contacto con la naturaleza**.

Busca un libro que te pueda ayudar a sentirte mejor, a tener otra visión de lo que te esté sucediendo en esos momentos.

Realiza alguna actividad física. Es importante que estés en movimiento, notarás como poco a poco empezarás a recuperar tu ánimo, tu energía, y así podrás combatir el desánimo.

Otra recomendación es **practicar la meditación,** es una manera de silenciar a tu mente, de interrumpir el diálogo de tus pensamientos, los cuales pueden estar ocasionando tu tristeza o la depresión.

La meditación te ayuda a concentrar la atención y la conciencia en el momento presente. Te ayuda a aliviar la ansiedad, el estrés y la depresión, independientemente de cuál sea el motivo para realizar una meditación. Son muchos los beneficios, tales como: un estado mental y físico de seriedad, paz interior, concentración.

Se caracteriza por enfocar la mente en un solo objeto, por ejemplo, la respiración, un sonido, la luz, etcétera. Se llega a un grado de concentración tal, que el parloteo de la mente se detiene, logrando un estado de paz, el cual permite a la mente liberarse de pensamientos negativos.

También te ayuda a tener otra perspectiva de tus problemas, encontrando una forma más creativa para solucionarlos o superarlos. Si a pesar de haber intentado todo tu problema perdura, no dudes en buscar ayuda profesional.

CAPÍTULO 9

EL PODER DE ELEGIR

Todos los días y en cada momento de nuestras vidas tenemos la oportunidad de elegir nuestros pensamientos, nuestras reacciones, nuestras acciones, etcétera. El poder de elegir abarca muchos temas a la vez.

Una vez una amiga me dijo: "¿Sabías que se puede razonar el sufrimiento?". Al principio no entendía bien a qué se refería, pero después comprendí que se refería a elegir nuestros pensamientos, ya que estos repercuten en gran medida en nuestras emociones.

Para empezar a practicar el poder de elegir, lo primero que tienes que hacer es **estar consciente** de ello, es decir, saber que tienes ese poder de hacer una elección ante cualquier situación.

Tú decides cómo te quieres sentir ante una determinada situación o experiencia y qué es aquello en lo que te vas a enfocar, es decir, en caso de que haya sido una experiencia no muy agradable, te puedes enfocar en el aprendizaje que te aportó, y en caso que haya sido un logro para ti, un éxito o algo que te haya hecho muy feliz, celébralo, reconócelo, gózalo.

Otro aspecto importante para tomar en cuenta es que **entre más te conoces a ti mismo**, más fácil va a ser tomar tus propias decisiones.

Otro punto que considerar es, cuando vayas a elegir, **hazlo tomando en cuenta las posibles consecuen-**

cias y asume tu propia responsabilidad, y en lo que sea que vayas a decidir no eches culpas a nadie.

En caso de que las cosas no salgan como esperabas, tampoco seas tan duro contigo mismo, puedes buscar otra manera de hacer las cosas, es decir, buscar nuevas opciones.

Muchas veces de las cosas que te ocurren te puedes preguntar: "¿Pero por qué me sucede a mí?". En cambio, si decides preguntarte: "¿Para qué sucede?", tienes el poder de elegir cómo quieres vivir esa experiencia. Para poder decidir, te sugiero que te preguntes si estás decidiendo desde el ego o desde el Ser.

Si tú quieres que algo en el exterior cambie, quien tiene que cambiar primero eres tú, tú tienes el poder de elegir acerca de cómo te quieres sentir o pensar ante una determinada situación y no esperar a que cambie el exterior para sentirte mejor.

Cómo hacer frente a las distracciones

Hoy en día estamos expuestos a muchas distracciones, las cuales dificultan el poder realizar o disfrutar nuestras actividades diarias con concentración. Desde un trabajo en la oficina o al ir manejando o al ir caminando por la calle, dormir, o hasta al estar comiendo.

Otro distractor puede ser el ruido exterior, por ejemplo, música a un volumen muy fuerte, si estás en la oficina en una llamada no logras escuchar bien por lo mismo, porque hay demasiado ruido, o, por ejemplo, si estás en la noche en tu casa y te estás alistando para irte a dormir y hay una fiesta a lado con música a todo volumen que te impide dormir y, por lo tanto, descansar.

En el caso de un mensaje de WhatsApp, si estás en la oficina, empiezas a revisar ese mensaje y te das cuenta de que tienes otros mensajes, empiezas a revisarlos e interrumpes lo que estabas haciendo, dejándolo a medias, y sin darte cuenta ya estás contestando otros mensajes también y después te olvidas de lo que estabas haciendo. Te toma varios minutos para volverte a concentrar.

¿Cuántas veces te ha tocado ver a personas que van manejando con la mirada agachada hacia sus celulares y van contestando mientras manejan, arriesgando su propia vida y la de los demás?

También, ¿cuántas veces te ha tocado ver hoy en día que la mayoría de las personas prestan más atención a sus celulares que a las personas que tienen a su alrededor? Ya sea en una reunión, donde se supone que se juntan para convivir, o si están en un restaurante, sacan sus celulares y los ponen en las mesas.

Con esto no digo que tenga algo de malo la tecnología y la comunicación, una de sus grandes ventajas ha sido el acercar a las personas que están lejos, ya sea en otra ciudad o país. Sin embargo, una de las desventajas es que ha alejado a las personas que están cerca físicamente.

Para tratar de resolver esto de alguna manera, te voy a recomendar algunas ideas acerca de cómo se puede evitar caer en la tentación de las distracciones.

Por ejemplo, si tienes una tarea, actividad o proyecto importante que realizar, el cual requiere toda tu atención, te recomiendo que pongas tu celular en modo de silencio durante ese tiempo mientras terminas dicha tarea. Esto no solo te va a permitir aprovechar tu tiempo al máximo y de forma productiva, sino que corres menos riesgos de cometer errores por las distracciones.

Por ejemplo, tú decides cuándo y cuánto tiempo le quieres dedicar a revisar tus redes sociales. El punto aquí es que evites, en la medida de lo posible, que cada vez que te llegue una notificación de tus redes sociales a tu celular tengas que estarlo revisando.

Esto no solamente te distrae (sobre todo en el trabajo o si estás manejando), sino que se te puede crear una adicción el querer estar revisando tu celular cada cinco minutos.

La clave de ser productivo es decidir de forma consciente en qué te quieres enfocar y a qué le quieres dar tu atención y tu energía en cada momento de tu día a día.

Hay que tratar, en la medida de lo posible, de evitar esas distracciones que sí dependen de ti, como las que mencioné sobre el uso del celular. Eso no quiere decir que sea malo tener celular, sino usarlo adecuadamente.

Otro *tip* importante es mantener tu espacio de trabajo ordenado y organizado. Entre más organizado estés, tendrás acceso de manera más fácil y rápida a la información que necesitas, evitando así la distracción y pérdida del tiempo en estar buscando.

El desorden es una vía de distracción para la mayoría de las personas. Por ejemplo, tener en una montaña de papeles el cargador del teléfono, que no sabes dónde está, y pierdes tiempo en buscarlo.

Trata de mantener tu archivo y tus cajones en orden. Otro *tip* es tener bien organizada tu computadora, evitar tener la pantalla llena de íconos, organizar la información por carpetas, por asunto o por departamentos, esto te permitirá acceder a la información de una forma más rápida y eficaz.

Con el orden y la organización no solo evitarás la pérdida de tiempo y la distracción, sino que además te ahorras el estrés y la frustración que provoca el estar buscando algo que requieres de forma urgente y que no lo encuentras.

Como ya he mencionado anteriormente, otro *tip* es organizar las tareas anotándolas en una lista y por orden de prioridades. Te recomiendo hacer esto diariamente y después se convertirá en un hábito, el cual no solo te ayudará a enfocarte en las tareas más importantes por realizar primero, sino que además te ayuda a saber si las tareas han sido concluidas o si siguen pendientes.

Tal vez después puedan ir surgiendo nuevas tareas prioritarias, te recomiendo que las anotes también y en algún momento del día vuelvas a revisar tu lista, a reordenarlas por orden de importancia, evitando así olvidar alguna actividad importante por realizar.

La lista aplícala tanto a nivel laboral como a nivel personal, por ejemplo, en lo laboral te recomiendo realizar la lista cada día por la mañana antes de comenzar tus labores, esto te ayudará a organizar tu mente.

Al finalizar el día, puedes repasar esa lista y anotar las nuevas actividades o pendientes que tengas que hacer para el día siguiente.

Esto no solo te permitirá trabajar de una forma más eficiente, sino que, en caso de algún imprevisto de algo urgente, sabrás en qué enfocarte primero y cuáles serían las cinco prioridades que debes resolver en ese día.

En el nivel personal, puedes aplicar la lista desde algo tan simple como las compras del súper, evitando comprar cosas innecesarias o tener que dar otra vuelta, u otros pendientes personales, como pagar tus tarjetas bancarias a tiempo o pagar la póliza de tu coche. Por ejemplo, anotar en un calendario te ayuda a organizarte mejor, a realizar tus pagos en tiempo, evitando atrasos, así como el estrés.

Otro *tip* es definir horarios, ya que te ayuda a gestionar y a administrar tu tiempo. Es vital definir horarios para evitar todo tipo de distracciones, de lo contrario, si no tienes horarios definidos, eres más propenso a distraerte y lo que podías haber terminado en una hora, lo acabas haciendo en tres horas. Esto solo te provocará más fatiga, corres el riesgo de cometer errores y de que se te acumule más el trabajo.

Por eso, es importante poner límites en cuanto al horario, esto es con el único objetivo de organizar tu trabajo, de optimizar tu tiempo de una manera más eficiente, en donde puedes lograr hacer más cosas en menos tiempo, porque estás más enfocado, logrando así ser más productivo en menos tiempo.

Por lo tanto, el enfoque es importante, ya que marca la diferencia entre tener éxito o fracaso.

Para poder tener enfoque necesitas tener claridad acerca de lo que vas a realizar, es decir, si tienes claridad en lo que quieres conseguir y te enfocas en ello, vas a tener éxito. La claridad, el enfoque, ir tomando acciones para llegar al objetivo o meta deseada, el ser perseverante, te ayudarán a lograrlo.

Estas pueden ser algunas de las claves para tener o no éxito en todo aquello que te propongas, ya sea a nivel laboral, personal o profesional, etcétera. La visión o la claridad, el enfoque, las acciones que vas a realizar para lograrlo (planificación), así como la perseverancia.

Hay que tomar en cuenta que más que un *tip* sobre qué se recomienda hacer o de tener un buen plan, lo importante es llevar a cabo las acciones necesarias para lograrlo, porque de nada sirve el conocimiento sobre algo si no se aplica.

El trabajo que se requiere hacer se debe realizar día a día y con perseverancia hasta lograr la meta deseada.

En cambio, si tienes demasiadas cosas, trabajando en ellas al mismo tiempo, por ejemplo, en tu computadora tienes varios documentos abiertos a la vez, es difícil que logres concentrarte.

"El que mucho abarca poco aprieta".

Lo importante es saber bien qué es lo que quieres y en qué orden, para ir definiendo tus prioridades, dedicándole así la atención y el enfoque necesario.

El enfoque es una de las disciplinas más importantes que tienes que desarrollar tanto en tu vida empresarial como a nivel personal.

Las personas de éxito lo que tienen en común es que se enfocan en una sola meta.

Anthony Robbins habla acerca del secreto del éxito y el poder del enfoque y dice: "Este puede llegar a ser el mejor año que has vivido si te enfocas, si encuentras el poder y el significado en las acciones de los que tuvieron éxito antes que tú".

Alinea tu vida con lo que es más importante para ti. Una vez que pongas en orden tus conflictos, lo único que te quedará hacer es tomar acción. Cuando ya estás alineado ya no hay nada que te detenga.

CAPÍTULO 10

CÓMO VENCER LAS EXCUSAS Y LA POSTERGACIÓN

Alguna vez te ha pasado que comienzas una actividad, ya sea aprender un nuevo idioma, inscribirte en un gimnasio, emprender un negocio o empezar a leer un libro, y al principio comienzas muy bien, con mucho entusiasmo, pero a la mitad del camino algo pasa, que ni tú mismo te explicas qué puede ser, y cuando te das cuenta, ya lo has dejado a medias y no has podido concretar ese sueño, esa meta o ese compromiso que tenías contigo mismo.

Después empiezas a justificarte, diciéndote cosas como: "Es que no tenía tiempo, es que no me alcanzó el dinero, es que surgieron otras cosas más importantes, es que tal vez me dejé llevar y actué impulsivamente y no era lo que realmente quería hacer, es que estaba aburrido/a y solo lo empecé por llenar mi tiempo o entretenerme en algo y es que, y es que, y es que".

Excusas hay muchísimas para justificarte y podrás convencer a los demás de tu argumento del porque no funcionó tu proyecto, tu meta, tu negocio o tu sueño, pero uno nunca se puede engañar a sí mismo.

Tú sabes que hay algo que te impide avanzar, que te impide seguir luchando cuando más debes hacerlo, hay algo que te desanima y echa a perder todo lo que llevabas avanzando, pero lo más triste es que la mayoría de las veces no sabes exactamente a qué se debe.

Hoy en día la postergación es un problema que afecta a la mayoría de las personas, no solo a nivel personal, sino también a nivel académico, profesional, laboral y hasta en las relaciones. Al final se van dejando muchas cosas a medias sin nada en concreto y, por lo tanto, sin resultados.

Muchas veces tienes las ganas, tienes el deseo, tienes la ilusión de llevar a cabo un sueño, pero ¿qué es lo que pasa que te detiene? ¿Cuál es la verdadera razón o razones que influyen en ti que impiden que logres tus metas?

Como mencionaba anteriormente, lo más triste es que desconozcas el motivo o los factores que hacen que dejes tus sueños a medias, simplemente lo vas postergando para ese mañana que nunca llega, es decir, que no lo realizas, renuncias antes de tiempo.

Antes que nada, te recomiendo que observes tus emociones, que estés consciente de qué es lo que pasa en tu interior. Obsérvate cómo cuando estás contento puedes hacer más cosas, más actividades, estás con más energía, en más movimiento.

Sin embargo, cuando te sientes triste o enojado o frustrado no tienes ganas de hacer nada, tienes tu energía baja y, por lo tanto, haces menos cosas inclusive de las que acostumbras.

Las emociones juegan un papel fundamental en la realización de nuestros sueños, ya que estas te pueden impulsar hacia aquel sueño que deseas realizar o simplemente te paralizan, dejando las cosas a medias sin resultado alguno. Inclusive si las emociones son negativas o de tristeza pueden echar a perder todo lo que ya habías avanzado.

Por eso es muy importante primero que detectes qué emoción tienes, sobre todo en los momentos en que te quieres detener ante un sueño o que te hacen dudar. Cuestiónate el porqué, por ello es fundamental que aprendas a gestionar tus emociones de forma adecuada y no dejar que ellas te controlen.

Algunas de las razones que nos impiden avanzar pueden ser la falta de constancia, lo que puedes hacer es planificar e intentarlo cada día hasta que se te convierta en un hábito, otra de las razones puede ser la falta de inteligencia emocional, es decir, si estás triste decides renunciar fácilmente a algo que deseas justificándote por tu tristeza.

Otra razón puede ser debido a algún factor externo, por ejemplo, algo muy simple, tuviste una discusión con alguien ya sea en tu casa o en tu trabajo o tal vez se te atravesó un coche y ya te pusiste de mal humor, ya te echó a perder tu día y ya tienes la excusa perfecta para ya no querer hacer nada.

Otro ejemplo puede ser por miedo, por ejemplo, decidiste tomar clases de un nuevo idioma y en plena clase el profesor te pide que leas un párrafo de lo que escribiste, tal vez en ese momento lo pronunciaste mal y alguien se rio, y ya te hizo sentir mal, en lugar de reírte con ellos y seguir adelante, te sientes avergonzado y decides que tú no tienes la habilidad de aprender ese idioma.

Este es solo un ejemplo, pero pueden ser muchos otros. Lo que te recomiendo es que en lugar de que te sientas mal, pienses de qué manera puedes mejorar y que lo vas a seguir intentando hasta lograrlo, que no te tomes demasiado en serio y no te preocupes por lo que piensen los demás, no renuncies a tu sueño, en este caso, por ejemplo, el querer aprender un nuevo idioma.

En lo personal, a mí me pasó cuando llegué a México a la edad de diez años. Al principio solo entendía el idioma español, pero no lo sabía hablar ni escribir. Lo entendía porque mi madre es mexicana (de descendencia libanesa) y, desde pequeños, ella siempre nos ha hablado en español, pero mis hermanos y yo le contestábamos en árabe.

Cuando llegamos a México por primera vez, en Julio de 1984, solamente comprendíamos el idioma, pero no sabíamos leer ni escribir y, en aquel entonces, las clases empezaban en el mes de septiembre, así que teníamos solamente dos meses para aprender a hablarlo y a escribirlo.

Mis padres decidieron entonces contratar a un profesor que nos diera clases particulares a mis hermanos y a mí, pero cada uno por separado, y gracias a Dios lo aprendimos bien.

Sin embargo, como era de esperarse, al principio, en el salón de clases llegué a cometer errores al hablar y entonces mis compañeros se reían, pero la verdad es que a mí también me daba mucha risa, nunca me molesté por eso, al contrario, me parecía chistoso y ya les preguntaba cómo se decía y a la siguiente vez lo decía bien.

Tiene mucho que ver la actitud que adoptamos frente a cada situación, ya que eso va a determinar en gran medida nuestro éxito o nuestro fracaso.

Esto solo fue por poner un sencillo ejemplo, pero aplícalo para todo aquel sueño o meta que quieras lograr. Te recomiendo dejar a un lado la pena o el miedo a qué van a pensar si te equivocas o cometes un error.

Obviamente a nadie le gusta que se burlen, pero en caso de que eso pase, tómalo con humor y ríete con ellos, no te tomes demasiado en serio, mejor enfócate en tu objetivo y en lo importante que es para ti el que consigas ese sueño, por el que tanto has luchado, y piensa en la alegría que vas a tener al conseguirlo.

Habrá ocasiones en que tal vez te encuentres con personas que se burlen con toda la mala intención, no te sientas mal por eso y tampoco tengas coraje con ellos, en esos casos lo mejor es aplicar este dicho:

"La burla es el medio que emplea el ignorante acomplejado para sentirse sabio".

ANÓNIMO

No renuncies antes de tiempo, no te des por vencido, tienes que seguir adelante y vencer el desánimo, la apatía, la tristeza y, en caso de que sea coraje, úsalo a tu favor para que te impulse a conseguir tu sueño. No le haces daño a nadie si no consigues tu sueño, pero sí te lo haces a ti mismo.

Hazlo por ti, porque te lo mereces, porque ya has logrado muchos sueños anteriormente y si lo has hecho antes con más razón ahora también lo puedes lograr, no esperes a que otros crean en ti para impulsarte a lograrlo.

Eres tú quien más tienes que creer en ti mismo y en tu sueño, sin importar lo que opinen los demás, siempre y cuando sea algo que no afecte a nadie. Al contrario, al tú lograr tu sueño vas a ser un ejemplo que seguir para los demás, los vas a impulsar a que ellos quieran lograr también sus propios sueños.

Debes estar atento para detectar los factores o las razones por las que llegas a postergar tus sueños, por ejemplo, algunos de ellos pueden ser: la pereza, el miedo al qué dirán, el rechazo, falta de disciplina o constancia, falta de estabilidad emocional o por tener que depender de estímulos externos o por cualquier otro problema que se pueda presentar que te desanime por completo y después te cuesta trabajo volver a retomar el camino hacia tu meta.

La postergación se debe en gran medida a una actitud de cómo enfrentas los desafíos que se te van presentando día a día, también en gran medida por no saber gestionar tus emociones de manera adecuada, ya que muchas veces acaba dominando la emoción a la acción, no dejándote avanzar y dejando que la balanza se incline hacia lo más fácil, que es evitar el dolor y postergar el esfuerzo que se requiere para lograr tus metas.

Seguramente te estás preguntando: "¿Entonces qué puedo hacer para hacer frente a la postergación y no dejarme vencer por ella?".

Una de las claves más importantes para no caer en la postergación o en las excusas **es hacerte preguntas**, es decir: establece un objetivo claro de qué es para ti en este momento el objetivo más importante de todos los demás y por qué. Una vez que lo hayas analizado bien, enfócate en él, pon toda tu atención y tu energía en él, haz un plan, piensa qué acciones vas a llevar a cabo que te lleven hacia él y pon una fecha aproximada y no te detengas, sigue adelante hasta conseguirlo.

Otra de las razones por las que muchas veces te puedes quedar a medio camino es porque la mayor parte del tiempo buscamos respuesta inmediata, sin embargo, requiere de mucha determinación, paciencia y perseverancia.

"No tenía nada para empezar, excepto la capacidad de saber lo que quería y la determinación de soportar ese deseo hasta que el universo se dio cuenta".

NAPOLEÓN HILL

Las cosas que realmente valen la pena requieren un esfuerzo, un tiempo de gestación, paciencia, para después ver resultados, pero si nos desesperamos antes de tiempo y lo postergamos creyendo que en algún otro momento lo haremos, no es así.

Sin saber, sin estar conscientes de ello, estaremos renunciando a nuestro sueño porque no queremos pagar el precio que este implica, como lo he mencionado anteriormente, que es el precio del esfuerzo, de la paciencia, la determinación, la constancia, etcétera. Además de que tenemos que creer que se puede cumplir para que se cumpla, pero si de antemano dudamos, así no lo conseguiremos.

"No es que las personas dejen de perseguir sus sueños cuando se hacen mayores. La realidad es que las personas se hacen mayores porque dejan de perseguir sus sueños".

Anónimo

Hay que considerar que, para lograr cualquier sueño, objetivo o meta, además del tiempo, la paciencia y el esfuerzo, tienes que tener en mente que requiere de un sacrificio inmediato para un placer posterior.

Si tu sueño es hacer un viaje en el verano a Europa, pero piensas que es muy caro, que no ganas lo suficiente, que no tienes el tiempo, pero, por otra parte, eres de los que te gusta salir cada fin de semana, desde el jueves, viernes y sábado, ya sea con los amigos, a cenar o al cine, te gusta comprarte ropa nueva cada vez que sale una nueva moda, etcétera.

De esa manera no se pueden conseguir las dos cosas, al menos, no al mismo tiempo, sí se puede siempre y cuando decidas cuál quieres primero, además esto requiere de una planeación y de ciertos sacrificios.

¿Cuál sería ese sacrificio? Que, en lugar de salir cada fin de semana, puedes salir dos veces al mes, en lugar de cada vez que salga algo nuevo de moda, sales de compras, además de que compras muchas cosas, mejor ahorra ese dinero para tu viaje de ensueño.

Es decir, en lugar de gozar del placer inmediato de salir cada fin de semana y de estar comprando ropa nueva, haces un pequeño sacrificio de no caer en el placer inmediato (de comprar o salir) y mejor te enfocas en planear cómo puedes ahorrar tu dinero y administrarlo de manera que te permita cumplir tu sueño de viajar.

Esto es solo un ejemplo, puedes aplicarlo ya sea para emprender un nuevo negocio, que, en lugar de gastar el dinero en salidas o en vacaciones, mejor lo ahorras para poner tu propio negocio en aquello que te gusta y así poder independizarte.

Todo va a depender de cuál es tu prioridad, de qué es lo que realmente quieres y de qué es lo realmente importante para ti en ese momento, esto no quiere decir que renuncies para siempre a tus demás sueños, se trata de planificar para que puedas cumplir una meta a la vez.

Por eso es importante la claridad y la certeza de tu meta, de tu objetivo o proyecto, porque eso te dará la dirección hacia los pasos que vas a seguir para conseguirlo.

De esa manera vas aprendiendo a aplicar la inteligencia emocional, así como a entrenarte para que, en lugar de postergar tus sueños, postergues el placer inmediato por el beneficio mayor que vas a obtener al lograr tu meta.

Pregúntate: "¿Qué es más importante, el placer inmediato o los beneficios a mediano o largo plazo?". Te recomiendo hacer una balanza y aprender a encontrar el equilibrio entre lo que realmente quieres o lo que te hace feliz solamente por un corto tiempo.

Te sugiero que tengas alguna estrategia para los días en que no te sientes con la suficiente energía o ánimo o cuando te vienen las dudas, por ejemplo, puedes apoyarte en leer un buen libro o mirar videos de personas que te inspiren, que hayan logrado metas muy altas, que hayan tenido grandes retos superados, eso te motivará a seguir adelante.

Otra sugerencia puede ser la música, que es un estímulo importante para elevar la vibración cuando te sientas decaído, o frases con mensajes positivos. Estudia a las personas que hayan pasado por grandes obstáculos y que, a pesar de ellos, han salido adelante y han logrado sus sueños más grandes.

Es decir, tienes que impulsarte a ti mismo para superar cualquier barrera que te quiera impedir seguir adelante, llámese miedo, desánimo, pereza, etcétera. Esos son los muros que tienes que derrumbar y pensar que tú eres más fuerte de lo que crees, de lo que te puedas imaginar.

Sobre todo, siempre ten fe en Dios. Él nunca te fallará y siempre supera tus expectativas, pero tú tienes que estar seguro de que estás haciendo tu mejor parte.

Como dice el dicho en inglés: "Do your best and let life do the rest", es decir, haz tu mejor parte y deja que el Universo o Dios haga el resto, pero nunca te rindas.

Seguramente te has preguntado cuáles pueden ser las claves importantes para lograr un mejor enfoque que te permita concluir tus metas, sueños u objetivos.

1. **Busca un lugar adecuado (TU PROPIO ESPACIO)**

Que sea tranquilo, ordenado, limpio, aroma agradable.

2. **Estar a solas (TU TIEMPO)**

Te ayuda a evitar que te distraiga la compañía de otras personas.

3. **Escucha música (QUE TE INSPIRE)**

4. **Conéctate contigo mismo**

5. **Desconéctate de tu celular y las redes sociales en los momentos que necesitas estar enfocado**

6. **Invierte más tiempo en tu meta, sueño o proyecto**

7. **Evita el ruido**

8. **Necesitas estar saludable**

Esto implica desde comer sanamente a dormir bien, es decir, descansar bien para tener energía tanto a nivel físico como mental, para así poder tener la fuerza suficiente para llevar a cabo tu meta, proyecto o sueño.

9. **Hacer ejercicio**

Es importante que te mantengas en movimiento, ya que el movimiento da energía, no importa que sean quince o veinte minutos diarios, lo importante es que seas constante y que se convierta en un hábito, eso te dará la suficiente fuerza de voluntad para poder realizar tu meta sin estarla postergando.

10. Beber mucha agua

Una buena recomendación es tomar agua al comenzar el día, no solo te limpia tu organismo, sino que te mantiene hidratado.

11. Cada día lleva a cabo una o varias acciones que te acerquen y te lleven hacia tu meta

Todos los días, sin excusas, sin pensarlo demasiado, aun cuando sientas que no estás del todo inspirado/a o no tienes muchas ganas de hacerlo, aunque sea una sola cosa, pero no dejes de hacerlo, porque si lo haces comenzarás a postergar y después es más difícil retomarlo, por eso SIMPLEMENTE HAZLO, no lo pienses demasiado, un ejemplo, el hacer ejercicios.

12. Haz una lista de tus pendientes con anticipación Puedes planear desde una noche antes lo que tienes que hacer al siguiente día. Por ejemplo, te recomiendo que anotes de tres a cinco cosas que tienes que hacer en relación a tu meta, esto no solo te mantendrá enfocado, sino que te ayudará a medir tu avance y a detectar los siguientes pasos que seguir y que tienes que hacer al día siguiente.

Y así todos los días. Esto, además de mantenerte enfocado, te ayudará a crear el hábito de ser constante, a que diariamente puedas realizar de tres a cinco acciones enfocadas y dirigidas hacia tu meta.

Esto lo puedes anotar en forma de lista en un cuaderno o en una agenda personal cada noche antes de dormir o cada mañana antes de comenzar tu día.

Esto te beneficiará en el sentido de que, como ya lo planeaste, ya lo decidiste, y ya no lo piensas tanto. Simplemente tomas tu agenda o tu cuaderno y ya sabes cuáles son esas tres o cinco acciones que vas a hacer que te ayudarán a avanzar cada día hacia tu meta u objetivo y no habrá lugar para las dudas o la postergación, evitando que la mente ponga cualquier pretexto para no hacerlo.

En mi época de estudiante, cuando estaba en la Preparatoria y tenía exámenes, me desconectaba totalmente de mis amigos, es decir, no salía para nada durante esa semana en que tenía exámenes, ya que para mí en ese momento lo más importante era estudiar, no porque mis amigos no fueran importantes para mí, sino que me enfocaba y me concentraba totalmente en estudiar y por eso sacaba buenas notas y hasta llegué a exentar muchos exámenes al final del semestre.

Siempre me gustó estudiar, realmente lo disfrutaba, no era un sacrificio para mí, al contrario, si no salía bien un trabajo y la maestra me lo devolvía hasta tres veces, lo seguía intentando hasta que lo lograba, porque para mí representaba un reto y porque quería que estuviera bien hecho.

Nunca me molestó. Sí era más trabajo, pero comprendía que si una maestra me devolvía un trabajo era porque no estaba bien hecho y no porque estuviera en mi contra, sino que pensaba que mi maestra quería que yo aprendiera a hacerlo de la manera correcta y así lo hacía.

Al principio, cuando me desconectaba de mis amigos, se preocupaban, pero después ya sabían que cuando me desconectaba era porque estaba en exámenes. Una vez que terminaban mis exámenes, volvía mi vida a la normalidad, salía de nuevo con ellos y lo disfrutaba más, ya estaba tranquila, ya me había quitado el pendiente de los exámenes.

También cuando estaba estudiando en la Universidad (en donde solo cursé dos semestres porque después fue cuando me fui a Líbano), recuerdo que de siete materias exenté seis, mis profesores me felicitaban y la verdad siempre preferí el esfuerzo durante todo el semestre para al final no tener que presentar más que un examen.

Había algunos compañeros que les gustaba disfrutar todo el semestre, pero cuando tenían exámenes finales estaban todos estresados, nerviosos, y querían aprender en una semana lo que habíamos visto durante todo un semestre. Ellos preferían el placer inmediato al sacrificio y la recompensa final.

En mi primer libro de la trilogía, *Resiliencia*, hablo más acerca de cómo fue que terminé mis estudios entre tantos cambios de residencia entre México y Líbano. Finalmente, hice la carrera de Lic. en Administración de Empresas, considerada a distancia porque era con cinco horas presenciales cada sábado durante tres años y medio, estudiando y trabajando a la vez.

Años después, estudié una Especialidad en la Enseñanza del Español en Educación Básica, la cual tuvo una duración de un año y medio, casi dos años. En ese entonces, mi querido padre ya había fallecido (Q. E. P. D.), pero me acompañaron mi mamá y mi hermana a mi examen, ya que mi hermano vivía muy lejos, y gracias a Dios todo salió muy bien, me gradué con mención honorífica.

¿Te has preguntado también por qué así como postergas una decisión para hacer algo que no acabas de concluir, has aguantado durante tanto tiempo una situación que te desagrada o que te incomoda y has estado ahí tal vez por semanas, meses o años?

Tal vez haya sido en una relación de amistad, de pareja o una situación en tu trabajo o en cualquier otro aspecto de tu vida, pero de repente algo pasa, no sabes exactamente qué fue, pero eso hace que por fin tomes la decisión de actuar, de tomar acción y hacer algo al respecto.

Afortunadamente te sale bien la decisión que tomas y después te preguntas: "¿Por qué no lo hice antes?" o "¿Cómo fue posible soportar tanto una situación que me incomodaba?

¿Hasta dónde es bueno o malo tolerar?".

De nada sirve recriminarte, tal vez no estabas consciente del todo, tal vez sabías que algo andaba mal, pero tu mente te engañaba diciéndote que todo estaba bien. Pero tu corazón no te miente, y tú sabes muy bien cuándo las cosas no están bien, ya sea en una relación de amistad que en lugar de que sume te resta, tal vez sea una amistad tóxica que te está haciendo daño, pero por el cariño que le tienes la toleras por no querer lastimar a la otra persona, sin embargo, la persona más lastimada puedes llegar a ser tú.

Lo principal es que te des cuenta, **que seas consciente** de aquello que te esté incomodando y que depende de ti cambiarlo, ya sea por completo o de cómo vas a reaccionar ante ello.

Es importante también, una vez que estés consciente de lo que te está haciendo daño, que siempre **te digas la verdad.** No te autoengañes, piensa muy bien qué es lo que vas a hacer para remediar esa situación con el fin de lograr tu serenidad y tu paz interior.

Un ejemplo sencillo puede ser tal vez desde poner algunos límites de una forma educada y sin herir, pero pensando en tu bienestar sobre algo que te incomoda.

Por eso es tan importante, tanto tomar acción para concluir una meta, como tomar acción para no seguir soportando una determinada situación por mucho tiempo, que te esté incomodando o produciendo infelicidad.

En lo personal, creo que además de tomar consciencia, de decirte la verdad, otro punto que considerar es la buena comunicación, tanto contigo mismo (de decirte la verdad), como con los demás, es decir, si algo te está incomodando simplemente dilo, solo encuentra la manera adecuada para decirlo, de forma tranquila.

¿Te ha pasado que muchas veces dices algo, pero te lo interpretan totalmente de otra manera? Y te sientes frustrado/a e incomprendido/a porque dices: "Es que no es eso lo que quise transmitir". Sin embargo, la otra persona o la otra parte (receptora del mensaje) lo interpreta totalmente diferente.

¿A qué se debe esto? Tal vez se debe a que muchas veces te dejas llevar por la emoción del momento, ya sea por el enojo, la tristeza o el dolor, y dices cosas con una intención, pero que son malinterpretadas a pesar de que tu intención sea buena.

En lo personal, yo creo que se debe a que es la misma emoción la que, a veces, o te ayuda y te impulsa a decir lo que llevabas tiempo guardando y que en ese momento por fin logras decir, o, por otra parte, puede salir contraproducente y sucede que dices algo de tal manera que es mal interpretado y te puede ocasionar más problemas de los que a lo mejor ya tienes.

Es la emoción la que te impulsa o te bloquea. En estos casos, lo mejor es que esperes a que estés más tranquilo/a y encontrar un momento adecuado para decir aquello que te molesta o te duele y que puedas decir el mensaje que realmente quieres transmitir.

Por experiencias que me han platicado algunos amigos y otras personas que he visto en diferentes situaciones de mi vida, ya sea en la escuela o en los trabajos en los que he estado, me di cuenta de que muchos de los problemas, que pensé que eran problemas, en realidad no lo eran.

Es decir, todo comienza por una mala comunicación, por interpretar la información de manera equivocada, y es increíble ver cómo de algo pequeño que sucede, se convierte en un gran problema debido a la mala comunicación, a la interpretación inadecuada, a la manera de decir las cosas, a la lucha de egos o poderes y a la falta de humildad y claridad en la comunicación.

A veces suponemos o no dejamos terminar de hablar a la otra persona cuando ya adivinamos lo que nos va a decir, o simplemente nos peleamos para ver quién habla primero o quién habla más.

No importa que se hable el mismo idioma, pero no todos logran comprender el mismo lenguaje, y esto se debe precisamente a la forma que tenemos para comunicarnos unos con otros.

Reflexión: El Rey y los dos sabios

En un antiguo palacio, vivía un Rey dueño de una inmensa fortuna. El Rey tenía unos cambios de humor muy bruscos, además era supersticioso. Una noche soñaba que había perdido todos los dientes y, cuando despertó, mandó a llamar a uno de los sabios de su Corte para pedirle urgentemente que interpretase su sueño.

—Es una desgracia, mi señor. Cada diente caído, mi señor, representa la pérdida de un pariente de su majestad.

—¡Qué insolente! —gritó el Rey enfurecido—. ¿Cómo te atreves a decirme semejante cosa? ¡Lárgate de aquí!

Llamó a sus guardias y ordenó que castigaran a aquel sabio con mil latigazos.

Posteriormente, ordenó que trajesen a otro sabio. Cuando este llegó, le contó lo que había soñado. El sabio, prestando mucha atención, escuchaba lo que el Rey le decía y este le contestó:

—Oh, mi señor, permítame decirle el significado de su sueño. Mi querido señor, su corazón debe tener gran felicidad, pues su vida prevalecerá por encima de todos y cada uno de sus parientes.

Cuando el sabio terminó sus palabras, el rostro del Rey se iluminó, una gran sonrisa se dibujó en su rostro, notablemente su semblante era otro y entonces ordenó que le pagasen a aquel sabio mil monedas de oro.

Mientras el sabio se dirigía a la puerta del palacio, uno de los consejeros del Rey le dijo admirado:

—¿Cómo puede ser posible? Tu interpretación fue la misma que el primer sabio, no entiendo por qué a él lo castigó mientras a ti te pagó con monedas de oro.

Aquel sabio respondió con las siguientes palabras:

—Recuerda bien esto, querido amigo, al final todo depende de la forma como digas las cosas. La verdad puede compararse con una piedra preciosa, si la lanzas contra el rostro de alguien, lo puedes herir, pero si la depositas delicadamente en sus manos, con ternura, ciertamente será aceptada con agrado.

»Nosotros podemos comunicar la misma cosa de dos maneras diferentes: la primera, de forma pesimista, que solo resaltará la parte negativa, y la segunda, la optimista, que siempre buscará encontrar el lado positivo de las cosas y ciertamente esto será aceptado con agrado.

»Las palabras del hombre son aguas profundas, río que corre, pozo de sabiduría. Con sus labios, el necio se mete en líos, con sus palabras precipitadas se busca buenos azotes, cada uno comerá hasta el cansancio del fruto de sus palabras.

»La muerte y la vida dependen de la lengua, los que hablan mucho, sufrirán las consecuencias.

Este relato nos da una gran enseñanza: de la comunicación dependen grandes cosas, la felicidad o la desgracia, la guerra o la paz. La verdad siempre tiene que ser dicha, pero de la mejor manera posible, siempre buscando encontrar el lado positivo de las cosas.

¿Cuántos no hemos perdido a un amigo, un matrimonio, un ser querido, por el solo hecho de nuestras palabras? Porque muchas veces no sabemos cómo decir las cosas, no pensamos antes de hablar y muchas veces nuestras palabras hieren a nuestros semejantes.

Pídele a Dios que te dé sabiduría para que cada palabra que salga de tu boca sea dicha de la mejor manera posible, sin herir el corazón de la persona de quien las recibe.

Fuente: https://www.youtube.com/watch?v=TmwacKRWxAo

CAPÍTULO 11

LA INDECISIÓN

En lo personal, uno de mis mayores retos es cómo combatir la indecisión, desde algo tan simple como ir de compras, para escoger un vestido me puedo probar diez y puede que no me decida por ninguno o puede ser que sí.

Pero para cosas más importantes, como emprender un proyecto personal, muchas veces lo pienso demasiado, lo bueno es que al final sí termino tomando una decisión y trato de que no pase el límite de tiempo, si es que hay una fecha límite para ello.

Sin embargo, el proceso que me ha tocado vivir a la hora de estar indecisa es que me desespero, también puede uno cansar a sus seres queridos con sus indecisiones o hasta amistades.

Lo bueno es que si se trata de proyectos personales tampoco es que se lo platico a todo mundo, sino a mis seres queridos más cercanos.

Siendo honesta conmigo misma, es algo en lo que estoy trabajando mucho, pero no es agradable pensar tanto y tanto las cosas. Si analizas mucho algo que quieres hacer, puedes correr el riesgo de que no lo hagas.

Afortunadamente no ha sido mi caso en cuanto a alguna decisión que haya tenido que tomar, pero sí reconozco que durante ese proceso en el que estoy pensando sobre si hago o no hago algo, llega a ser muy desgastante, gasto mucha energía innecesariamente.

¿Alguna vez te ha pasado algo similar o te has sentido así? ¿Te has preguntado a qué se debe y cómo se puede mejorar este aspecto en tu persona?

Como es un área que quiero mejorar en mí, me puse a leer artículos al respecto. Algunas cosas tal vez las conocía inconscientemente o tal vez no, pero, como en todo, si quieres mejorar en cualquier área de tu vida lo primero que te recomiendo es hacerte consciente o darte cuenta de ello.

Algunas de las razones por las cuales algunas personas tienden a ser indecisos/as son las siguientes:

1. Miedo a equivocarse

2. Miedo al fracaso

3. Miedo a arriesgarse

4. Miedo a no tener los resultados esperados

5. Miedo a hacerte responsable de tus propias decisiones

6. El perfeccionismo

7. Querer ser precavido/a

8. Ser duro con uno mismo

Hay que tener en cuenta que si quieres avanzar en cualquier aspecto de tu vida y te sientes con dudas o estancado/a tienes que tomar una decisión al respecto. Sin embargo, tampoco se trata de que te estreses por ello, no tiene que ser de ya.

¿Cuáles son los pasos que seguir que te podrían ayudar a mejorar ese aspecto de la indecisión?

1. **Tienes la opción de elegir no tomar ninguna decisión por el momento.**

No te fuerces a tomar la decisión en seguida, sino que piensa en las ventajas y desventajas de la decisión que vayas a tomar.

2. Crea el hábito de hacerte preguntas para tomar una decisión.

Pregúntate qué vas a obtener con esa decisión o qué oportunidad estarías perdiendo si no lo haces, esto es con el fin de ayudarte a ti mismo a evaluar mejor la toma de tus decisiones.

Hay preguntas de las que tal vez no puedas conocer sus respuestas, pero pregúntate cómo te sentirías tanto si pasa eso que esperas como si no, ya que, de cierta manera, te estás preparando emocionalmente para cualquiera de las consecuencias que pueda resultar y sabrás mejor cómo hacerle frente a dicha situación.

La duda viene de la mente, del miedo. Esto se debe a que la mente siempre trata de protegerte, pero puedes caer en el extremo de pensarlo tanto que ya no te animas a tomar la decisión sobre lo que tienes que hacer y empiezas a postergar.

No ignores lo que te dice la mente, es una oportunidad para detectar aquello que te puede estar bloqueando para avanzar y, a la vez, es importante que prestes atención a tus emociones, a lo que sientes, ya que el equilibrio entre ambas (mente y corazón) te ayudará a tomar mejores decisiones.

3. Permítete equivocarte, tienes derecho a ello.

Desde mi punto de vista personal, en realidad lo que pudiera parecer un error es una oportunidad de aprender si le das ese enfoque diferente, como una experiencia de aprendizaje, en lugar de reprocharte, castigarte o sentirte culpable.

Es imposible conocer el futuro y saber con precisión a dónde te puede llevar una decisión. Puede pasar que te lleve al resultado que esperabas o puede suceder lo contrario, es decir, que te lleve al resultado no deseado. Aun así, ahí tienes otra oportunidad de tomar una nueva decisión, una decisión diferente a la que habías tomado anteriormente y sigues adelante.

Te recomiendo que no seas duro contigo mismo, que te permitas equivocarte. Si aceptas que te puedes equivocar, te quitas un gran peso de encima, te quitas la enorme presión de querer hacer todo perfecto.

La decisión que puedas tomar a algunos les podrá parecer que es la correcta, mientras que a otras personas les puede parecer que es una decisión equivocada. Sin embargo, lo importante es que tú te sientas cómodo/a con la elección que hagas y sin perjudicar a nadie.

4. Ir un paso a la vez.

Es decir, si no estás del todo seguro/a respecto a decidir sobre algo, puedes tomar pequeñas acciones e ir observando cómo te sientes al respecto. Esto te permite rectificar e ir evaluando si es lo que realmente quieres o no, esto te ayudará a tener claridad para saber qué camino o dirección debes seguir.

No importa si al principio de una decisión te equivocas, siempre puedes elegir rectificar, corregir. Lo importante es que no te detengas, que sigas adelante, que sigas en movimiento, para así evitar la postergación o el quedarte estancado/a sin avanzar y sin hacer nada.

5. **Hazte responsable de las decisiones que tomes y asume las consecuencias de lo que pueda ocurrir.** Por muchas dudas que puedas tener o temor, es mejor que confíes en ti mismo, en tu intuición, nadie sabe mejor que tu propio corazón qué es lo que realmente quieres o sientes.

Es válido pedir una opinión o pedir ayuda cuando se requiere, pero lo que no es válido es que regales tus oídos o tus ojos a los demás por confiar más en lo que ellos te dicen respecto a una decisión que tú tienes que tomar, confía en tu intuición.

El hacerte responsable y asumir las consecuencias de tus propias elecciones te permitirá prepararte emocional y mentalmente para los resultados que puedan surgir.

6. **Adaptarse a los cambios que puede generar una decisión.**

A veces no es fácil tomar una decisión, por ejemplo, cambiarte de ciudad, porque ahí tienes mejores oportunidades para superarte. Al principio, es volver a empezar desde cero, desde buscar un trabajo, hacer nuevos amigos y todo lo que implica un cambio al principio. Sabes que es incómodo al principio, pero después a largo plazo obtendrás mejores resultados y mayores beneficios.

Mientras tanto, es importante estar consciente de que todo cambio requiere tiempo para adaptarse, te recomiendo ser paciente contigo mismo y con todo lo que te rodea, a veces las cosas no ocurren tan rápido como tú quisieras.

Para esos casos, hay que tener en cuenta que todo es cuestión de: **Fe, Paciencia y Tiempo**. Poco a poco, las cosas se van a ir acomodando y empezarás a notar tu progreso.

Recuerda darte tiempo (tiempo al tiempo). Hay momentos de incertidumbre, de inestabilidad, de dudas, de miedos, pero lo importante es seguir adelante, seguir avanzado, dirigirte hacia tu progreso y tu bienestar.

CAPÍTULO 12

¿EL PERFECCIONISMO ES BUENO O MALO?

¿Te has preguntado alguna vez si es bueno o malo ser tan perfeccionista?

En lo personal creo que es bueno hacer las cosas bien desde el principio, poniendo toda tu atención en ello, enfocándote.

No es que sea bueno o malo, simplemente hay que evitar caer en los extremos y tratar de encontrar el punto medio, el equilibrio.

Por ejemplo, uno de los motivos por el cual tal vez te consideres como una persona indecisa es precisamente el querer hacer las cosas tan perfectas, y evitar así el error, que muchas veces lo que puede pasar es: o te atrasas mucho en aquella tarea, proyecto o actividad que tienes que hacer o te vas al extremo de bloquearte y no haces nada.

Con esto tampoco digo que no se deben hacer bien las cosas, sino simplemente evitar caer en los extremos y evitar el sufrimiento innecesario del perfeccionismo.

Aunque aparentemente la persona perfeccionista logra más y mejores cosas, algunas veces no se da cuenta del precio que tiene que pagar por serlo.

Muchas veces puede que ni siquiera te des cuenta o no sabes si eres o no una persona perfeccionista, tal vez pienses que solamente eres una persona responsable, que te gusta hacer las cosas bien, y eso está bien, pero, para detectar si estás cayendo en el extremo, una manera fácil de detectarlo es a través de la siguiente pregunta:

¿Estás disfrutando lo que estás haciendo o lo estás sufriendo? Es decir: ¿Estás contento, relajado o te encuentras tenso y angustiado? ¿Entonces, cómo te puedes dar cuenta en caso de serlo? ¿Cuál es el precio que pagar por ser tan perfeccionista?

Estas son algunas características del extremo del perfeccionismo:

- Ansiedad

- Estrés y tensión

- Miedo a equivocarte

- Temor a la crítica y a la opinión de los demás

- La necesidad de demostrar a los demás lo que vales, en función de lo que logras

- Quieres ser el número uno en todo

- Pospones aquello que estás haciendo porque no te sientes seguro.

- Evaluar tus errores como fracasos en lugar de aprendizaje

- Ser demasiado estricto contigo mismo es una forma de autocrítica negativa, ya que no te permites equivocarte

- Miedo al rechazo

- Necesidad de la aprobación de los demás antes de tu propia aprobación

¿Cómo puedo mejorar en ese aspecto para no caer en el extremo de la perfección?

Primero que nada, en **hacerte consciente de ello** y aceptar en caso de serlo.

Segundo, la clave es **encontrar el punto medio, el equilibrio,** es decir, está bien trabajar en tus objetivos, en tus metas, buscando obtener buenos resultados, ir mejorando y progresando, pero evitar -como he mencionado anteriormente- caer en los extremos, asimismo, evitar valorarte en función de lo que logres. Tu valor como persona no depende del éxito o del fracaso.

Ser más flexible, arriesgarte más, amarte más, ya que entre más te ames, más seguridad y confianza vas a tener en ti mismo y eso te ayudará a actuar y a ya no seguir postergando lo que tienes que hacer por miedo a fracasar o por miedo a lo que puedan opinar de ti. Lo que realmente importa es la opinión que tú tienes de ti mismo.

Aprende a disfrutar del proceso, con sus pros y contras, asumir las consecuencias. Prepárate mental y emocionalmente para buscar las estrategias y la nueva toma de decisiones que debes hacer para mejorar, siempre y cuando sea de una manera relajada, sin tensión, sin ansiedad. Esto no solo te permitirá disfrutarlo, sino que te estarás evitando un sufrimiento innecesario.

Asimismo, se requiere tener humildad para aceptar (en caso de ser perfeccionista) que tienes que transformar esa parte en ti por tu propio bienestar.

Para lograr ese balance, te sugiero hacerte las siguientes preguntas, las cuales te pueden ayudar a detectar si estás cayendo nuevamente en el extremo y cómo remediarlo de inmediato:

1. ¿Te has vuelto adicto al trabajo?

2. ¿Estás durmiendo bien?

3. ¿Estás comiendo bien?

4. ¿Te estás divirtiendo?

5. ¿Estás disfrutando de otras actividades con tus amigos o familia?

Reconoce que, como seres humanos, todos estamos expuestos a cometer errores, es imposible hacer todo a la perfección y saber todo.

Trata de aprender de los "errores" pasados, en lugar de juzgarlos como errores trata ver el aprendizaje que obtuviste en dicha experiencia.

Lo importante y valioso no es no equivocarse, sino el arriesgarte a hacerlo y, en caso de fallar, rectificas y te sobrepones a ello sin determinar tu valor personal en función de ello.

Tu valor como persona depende de tus valores, de tus principios, de vivir con conciencia, de cómo te relacionas con los demás y darle un sentido y un significado a tu vida.

Hay una diferencia entre querer ser mejor cada día y querer hacer las cosas siempre perfectas.

Acepta con amor y con humildad tus limitaciones y trabaja en ellas para transformarte y fortalecerte, pero sin presionarte y sin castigarte, sino desde la autocomprensión y la disposición de cambiar por tu propio bienestar.

Un consejo muy importante, nunca te compares con los demás, cada ser humano tiene un talento especial y cada ser humano es único e importante.

Trabaja en ti mismo, invierte en ti, haz una lista de tus limitaciones y acéptalas como una parte de ti, sin devaluarte por ello.

Establece un objetivo o meta que sea alcanzable para ti, que sea medible, pon una fecha límite razonable para que logres tu meta u objetivo. No te compares con los demás.

Tienes que estar consciente de las posibles críticas que puedan surgir hacia una meta que tengas o un sueño. El mayor reto está en aprender a manejar la crítica de los demás, no permitas que el juicio de los demás te haga dudar de tus metas, y, sobre todo, lo más importante es que creas en ti mismo, que disminuyas tu propia crítica.

En lugar de criticarte, busca la manera de cómo puedes mejorar, qué puedes hacer, planifica, recuerda pensar en grande, pero empieza con un paso a la vez y no te detengas.

Enfócate en el momento presente, en esos pasos que estás dando que te acercan cada día más hacia tu objetivo, puedes tener un proyecto a mediano o largo plazo, pero no importa si es a mediano o a largo plazo, lo que realmente importa es que cada día estés trabajando en él, con constancia y determinación.

No permitas que el parloteo mental te haga dudar con preguntas tales como: "¿Y si no resulta como deseo? ¿Y si estoy cometiendo algún error en todo esto y esto no es para mí?", etcétera.

Recuerda no valorarte en función de lo que haces. Tu valor radica en tus valores, en tus principios y en el valor que aportas a los demás, con tu forma de tratarlos, de ayudar, de ser un ejemplo de que sí es posible cumplir las metas y los sueños.

Otro punto importante que considerar para lograr tus objetivos es: La fuerza de voluntad. Que tu mayor reto sea aprender a manejar la falta de motivación y la poca tolerancia a la frustración, a querer obtener resultados inmediatos ante cosas que sabes que requieres trabajar con paciencia y que tienen su tiempo de gestación para ver esos resultados que esperas.

Enfréntate al miedo con valor, adáptate a los cambios y prepárate para el éxito.

"Hay una fuerza motriz más poderosa que el vapor, la electricidad y la energía atómica: LA VOLUNTAD".

ALBERT EINSTEIN

CAPÍTULO 13

CÓMO MANTENERTE ENFOCADO A PESAR DE LAS PERSONAS TÓXICAS

¿Alguna vez te ha tocado tener que convivir con personas tóxicas, ya sea de tu entorno de amistades, familiar o laboral, y que por más que lo intentas, acaban drenando tu energía?

¿Qué se recomienda hacer en esos casos en los que no los puedes evitar? Sobre todo, si son personas muy cercanas o que están en tu entorno laboral.

Una de las principales claves es que estés consciente, es decir, que sepas reconocer a las personas de tu alrededor que tienden a quejarse, que tienden a la negatividad, que son abusivas o que son conflictivas, etcétera.

Es comprensible que no es fácil mantener la calma, la paciencia o estar emocionalmente neutro cuando te encuentras en tu día con más de una persona tóxica, pero el simple hecho de detectarlas te ayuda a anticiparte para no dejarte contagiar por su emoción negativa.

Algunas de esas personas ni siquiera lo hacen intencionalmente, ni siquiera están conscientes de su propia negatividad, pero lo que sí es verdad es que la gente le huye a una persona que nada más se está quejando o que está negativa.

¿Te ha tocado conocer a otro tipo de personas, las cuales, si ellas no están bien emocionalmente, no descansan hasta ver que te hacen enojar o que drenan tu energía?

En lo personal, yo siempre he pensado que, si una persona es feliz, no tiene por qué querer hacer daño a los demás, a nadie, al contrario, cuando una persona está contenta contagia su entusiasmo y su alegría.

En cambio, las personas malhumoradas, negativas, que no están satisfechas hasta que logran hacer sentir mal a la otra persona o que son groseras o quejumbrosas, simplemente es porque no tienen tranquilidad en su interior.

Una forma inteligente de tratar a ese tipo de personas es ser firme, educado y fuerte, sin que te dejes abatir por sus comentarios, por sus críticas o cualquier tipo de comportamiento hacia ti.

Otra clave es el arte de ignorar. Cuando una persona te quiere atacar o desquitar su enojo contigo, simplemente ignórala, ya que lo que ese tipo de personas buscan es tu atención. No caigas en sus provocaciones y simplemente enfoca tu atención y tu energía en lo realmente importante.

Por ejemplo, si ya logró hacerte enojar, enseguida ponte a hacer cualquier otra actividad y no estés pensando en lo que ya pasó, mucho menos repitiéndolo a alguien porque le estarás dando demasiada importancia.

Recuerda darle el justo valor y el justo peso a cada cosa, situación o persona. Por ejemplo, si alguien que estimamos nos hace alguna crítica, te sientes herido, te duele, pero eso es por lo que significa para ti esa persona. Pero recuerda que tu valor no está en función de lo que digan los demás de ti, sino de lo que tú piensas de ti mismo y de cómo tú te valores.

Enfócate en las soluciones en lugar de en los problemas

y toma la acción correspondiente para ponerte a hacer otra cosa que mantenga tu mente ocupada en cosas más importantes y útiles.

Evita discusiones en la medida de lo posible, eso no te lleva a ningún lado, solo drena tu energía, y no trates de demostrar nada, no tienes que hacerlo. La persona tóxica tiene un gran ego y puede querer seguir discutiendo con tal de ganar, déjala ganar, hazle creer que gana, pero tú ganas tu paz al no caer en sus juegos.

"Sé selectivo en tus batallas, a veces tener paz es mejor que tener razón".

ANÓNIMO

Otra de las claves para lidiar con gente difícil o tóxica es que intentes verlos desde otra perspectiva, es decir, desde la comprensión, ya que es muy fácil engancharte en una discusión ante algo que te hacen que te parece injusto, grosero o simplemente no quieres que te contagien con su negatividad.

Cuando no puedas comprender su comportamiento, simplemente acéptalos, no intentes cambiarlos, pero no dejes que te afecten. Ten en cuenta los siguientes aspectos de las personas tóxicas y cada vez que te topes con uno de ellos recuerda estas claves, las cuales te ayudarán a no engancharte, a no caer en sus juegos y mucho menos que te acaben afectando al drenar tu energía.

Resumiendo lo anterior las claves son:

1. **Detectarlos.**

2. **Comprender que no se encuentran bien interiormente,** simplemente acéptalos y no trates de cambiarlos.

3. **Enfócate en lo importante,** mantente ocupado y no les des tu atención ni tu tiempo.

4. **Aplica el arte de ignorar (la indiferencia)** cualquier tipo de provocación, crítica o negatividad.

5. **Cuida tu energía.** Es más importante tu paz interior que tener razón.

6. **Aprende a seleccionar tus batallas.**

7. **Trata de ver las cualidades de las personas difíciles.**

8. **No entregues el poder a nadie de quitarte tu paz.**

9. **Recuerda que quien te enfada te controla.**

10. **Perdona:** Ese tipo de personas son las que necesitan más amor, necesitan ser comprendidas y las que más dolor llevan en su interior, ya que si fueran felices no querrían hacerte daño.

Cómo lidiar con gente negativa

Evita en la medida de lo posible a la gente negativa, ya que tienen un problema para cada solución. Limita tu tiempo con las personas que drenan tu energía, las cuales no aportan nada a tu vida, es decir, son personas que restan en lugar de que sumen.

No trates de convencer a la gente negativa de que cambie su actitud o su manera de ver las cosas, entre más les dices, menos lo harán. Con esto no quiero decir que no seas compasivo con otras personas. Sé compasivo, vive con empatía, trata de ponerte en el lugar de la otra persona, haz todo lo que una persona con calidad humana haría, pero mantén tu vida lejos de la negatividad y el drama.

Las personas cambiarán cuando estén listas para hacerlo, es por eso que te sugiero que no insistas en querer cambiar a nadie, puedes aconsejarles, pero no trates de convencerlos, recuerda que cada quien tiene libre albedrío para tomar sus propias decisiones.

No hay casualidades, toda persona que llega a tu vida es por una razón, una lección o una bendición.

Te recomiendo que observes las personas con las que te relacionas, que tomes en cuenta si te aportan, si son personas que suman a tu vida, que te ayudan a reducir tu estrés en lugar de ocasionártelo.

Si te consideras una persona positiva y quieres vivir tu mejor vida, sé la mejor versión de ti mismo, rodéate de personas positivas de las que puedas aprender, con quien puedas ser tú mismo, personas que ven lo bueno en los demás, en cada situación y lo bueno en el mundo.

Si haces eso, atraerás más personas y más situaciones positivas a tu vida. Elige sabiamente a tus amigos, ya que tu grupo de amigos es un gran reflejo de ti, porque tú los elegiste.

No permitas a nadie que te quite tu energía, tu paz interior, enfócate en lo importante, ya que, si diriges y pones tu atención en las personas negativas de tu alrededor, tu vida será negativa.

Si solo estás pensando en lo que te falta en tu vida, en lo que no está bien, si tu atención y energía las diriges hacia las personas negativas y la negatividad que traen, eso terminará invadiendo tu vida.

Es por eso que nuevamente te sugiero que no permitas que drenen tu energía, mantente enfocado en lo bueno, en lo realmente importante y verás más de ello. Si enfocas tu energía y atención en lo bueno, atraerás más de ello a tu vida, así es de simple.

Tal vez habrás escuchado: "Somos lo que pensamos". Pero también de lo que nos alimentamos, tanto a nivel físico como mental, si nutres a tu mente con ideas y pensamientos positivos te sentirás mejor emocionalmente.

En cambio, si, por ejemplo, en el día te sucedieron cuatro cosas buenas y una mala, pero tu mente solo recuerda la única cosa "mala" que te sucedió (por ejemplo, alguien no te saludó) en lugar de enfocarte en las otras tres cosas buenas que te sucedieron en el día (por ejemplo, recibiste un regalo que no te esperabas, una llamada de una persona querida o una buena noticia), si tiendes a darle más peso a lo "malo", eso acabará consumiendo tu energía y echarás a perder tu día por una tontería.

Puedes decir: "Sí, pero yo no elijo estar rodeado de gente negativa o tóxica, ya que se encuentran en mi trabajo o en mi familia o hasta en ciertas amistades". Sin embargo, utiliza eso a tu favor, agradece a todas esas personas tóxicas y negativas que hay en tu día a día, en tu vida en general. ¿Sabes por qué?

Por ejemplo, si no te saben apreciar, por lo menos te están enseñando cómo no debes o no quieres ser tratado. En lo personal, cuando me ha tocado lidiar con este tipo de personas, trato de ver qué es aquello que no me gusta o veo en ellos para no hacerlo con los demás.

Son maestros, porque te hacen consciente de aquello que es injusto, grosero o incorrecto, y, por lo tanto, al ser consciente de ello evitarás hacerlo tú con los demás.

En caso de que se trate de una amistad, pareja o de un trabajo, etcétera, y te dejan ir o te despiden, te están enseñando a moverte y a seguir adelante. Tú eres tú y tu alma no pertenece ni está atada a nadie.

Si te han hecho sentir alguna vez que no eres valioso, si te han decepcionado y te sientes muy decaído, pero te vuelves a levantar, por lo tanto, te han enseñado que nadie te puede quitar las ganas de vivir, te han enseñado a ser más fuerte, a tener carácter, tu corazón se ha expandido.

En caso de haber sufrido alguna discriminación, no te sientas mal por ellos, ya que lo que te están enseñando es a ser un Ser humano más compasivo hacia todas las razas y, una vez más, te han enseñado a cómo NO debes tratar a la gente que puede ser diferente a ti, ya sea en color, religión o nacionalidad, etcétera.

Si alguien es grosero contigo y no te trata de forma amable, te está enseñando la falta de amor que hay en su vida, nuevamente te hace consciente de aquello que no debes hacer, es decir, de cómo NO debes tratar a los demás, y te está otorgando dos grandes enseñanzas: la amabilidad y la compasión.

No importa lo que te hayan hecho o que tanto te hayan lastimado, no permitas que nadie te detenga, no dejes de ser quien realmente eres, es decir, no pierdas tu esencia, no dejes de amar y amar a la vida.

Es importante que tomes en cuenta que cada vez que te sucede algo aparentemente "malo", úsalo siempre a tu favor, no dejes que se salgan con la suya, no dejes que te gane el desánimo, el desaliento o la propia negatividad.

Deja que la energía negativa se quede con ese tipo de personas y libérala de tu vida, en cambio, agradece, da las gracias por las lecciones, por las bendiciones disfrazadas en cada situación aparentemente desagradable y agradece por la fortaleza que todas esas experiencias te dan para dejarlas atrás y para seguir adelante, déjalas ir de tu vida, por tu propio bienestar.

Agradece a todas esas personas difíciles que te han tocado a lo largo de tu vida, a lo largo de tu camino, ya que te han mostrado quién NO quieres ser, en quién NO te quieres convertir.

Sé agradecido con cada una de esas personas que estuvieron en tu vida, que, de cierta manera, han ido moldeando la persona que eres, la que no quieres ser y en la que no te quieres convertir. Esas personas que vienen a enseñar lecciones de vida y que en realidad fueron una bendición.

Todas esas personas son importantes, tanto las positivas como las negativas, ya que mientras unas te han enseñado y te han moldeado para ser quién eres hoy en día, otras han sido una bendición en tu vida.

Ahora, gracias a todos ellos, has adquirido la sabiduría y la madurez para elegir quién quieres que se quede en tu vida, a quién debes dejar ir o de quién te debes distanciar, quién trae valor a tu vida y quién te la quita.

Finalmente, sé sincero contigo mismo y pregúntate qué clase de persona te consideras o eres con aquellos que te rodean. ¿Eres de los que suman o de los que restan?

¿Eres de los que tienen solución para todo o de los que solamente se quejan? ¿Realmente estás aportando valor a sus vidas o todo lo contrario?

Es muy importante que tomes en cuenta lo siguiente: no puedes tener una vida y resultados positivos si tienes una mentalidad y una actitud negativa.

CAPÍTULO 14

EL LIBRE ALBEDRÍO

"Libertad significa que puedes elegir tanto lo correcto como lo equivocado, si solo eres libre para elegir lo correcto no es libertad".

OSHO

¿Qué es para ti el libre albedrío?

El libre albedrío es la libertad que tiene cada persona para elegir sus propias decisiones, sin presión, ya sea para hacerlo de forma correcta o incorrecta, de escoger su manera de pensar o de actuar en su vida, de la posibilidad de decidir entre el bien o el mal.

La elección de cada ser humano varía. Esta va a depender de sus motivos personales, de sus creencias, su filosofía de vida, sus valores y principios o por la forma en que fue educado/a, etcétera.

Aun ante cualquier circunstancia, por muy desagradable que sea, se tiene el libre albedrío para decidir cómo reaccionar a cada una de ella. Por ejemplo, como en el libro de Viktor Frankl, *El hombre en busca de sentido*.

Viktor Frankl era un psiquiatra y psicoterapeuta austríaco reconocido, quien estuvo preso en distintos campos de concentración durante la Segunda Guerra Mundial.

Viktor Frankl nos habla en el libro ***El Hombre en Busca De Sentido*** sobre su experiencia en los campos de concentración desde un punto de vista psicológico, de la mente de las personas que estaban junto con él encerradas y qué marcó la diferencia entre aquellos que sobrevivieron de los que no.

Él relata sobre cómo encontrar el sentido de la vida a través de una experiencia dolorosa o de sufrimiento. Esta es una de las partes en las que más hace énfasis, tiene muchas lecciones acerca de cómo nos presentamos ante las situaciones difíciles de la vida. Esto es solo un ejemplo de muchos que puede haber sobre el libre albedrío.

> *"Las circunstancias externas pueden despojarnos de todo, menos de una cosa: la libertad de elegir cómo responder a esas circunstancias".*
>
> VIKTOR FRANKL

¿Es bueno o malo preguntar?

En lo personal, esto puede ser visto desde dos perspectivas, es decir, si se trata de aprender algo nuevo, no tiene nada de malo preguntar, si, por ejemplo, estamos en una clase y tenemos una duda, es mejor preguntar a quedarse con la duda.

Te ha pasado algunas veces que cuando preguntas algo, ya sea en tu clase, en una conversación con tus amigos o hasta en tu trabajo, algunas personas te miran con ojos de "qué pregunta tan tonta", o respuestas como: "Es obvio". Te hacen sentir como si fuera algo tonto preguntar, cuando es de inteligentes hacer preguntas.

Albert Einstein dijo: "Es mejor preguntar y parecer un tonto por cinco minutos que, por pena a hacer el ridículo, te quedes callado e ignorante por él resto de tu vida".

El otro aspecto al que me refiero es que a veces hay personas que son muy preguntonas, pero no con el afán de aprender, sino por la pura curiosidad de saber de la vida de los demás, a veces hay preguntas que están de más o que son de mala educación.

En este caso, desde mi punto de vista, es mejor no preguntar lo que no te quieran platicar, ya que si no te lo cuentan es porque tal vez les incomoda o simplemente no quieren, y lo mejor es respetar su privacidad.

El arte de servir o la actitud del servicio

¿Cuántas veces has escuchado acerca de servir a los demás o sobre el tema del servicio? Ya sea en tu casa o en tu trabajo. Tal vez es más común escuchar el tema del servicio en lo laboral.

¿Alguna vez te has preguntado por qué algunas personas, a pesar de que dicen muchas frases bonitas acerca de servir a los demás, les hacen caso omiso?

Desde mi punto de vista muy personal y por lo que he observado, creo que se debe más que nada a que los seres humanos, en general, tendemos a hacer más caso con el ejemplo que a los consejos o a las frases que escuchamos. Que a pesar de que son muy bonitas, sin embargo, a veces ya están tan gastadas que parece que no surten ningún efecto.

Es a través del ejemplo, de la congruencia entre lo que se piensa, se dice y se hace, cuando se empieza a escuchar realmente un consejo, a través de un ejemplo o un resultado.

CAPÍTULO 15

LA DETERMINACIÓN

¿Qué es una persona con determinación? Una persona con determinación es una persona con la cualidad de que, cuando toma una decisión, se compromete con su objetivo o meta hasta lograrlo. Tiene la confianza y seguridad, quien actúa a pesar del miedo y lo sustituye con valor, con osadía, es quien busca solución a cada problema que se le va presentando.

Es la actitud firme y decidida lo que determina el éxito, lo que hace la diferencia entre una persona con determinación y una persona que ante la menor dificultad se detiene, pospone o posterga y se justifica del porqué no pudo lograr su meta u objetivo. La determinación es una de las cualidades más importantes de una persona emprendedora.

Diez características principales de una persona con determinación:

1. **Una persona decidida:** Es cuando tiene la certeza de que llevará a cabo su objetivo a pesar de los obstáculos que puedan surgir.

2. **Una persona con osadía:** Es valiente, está consciente del esfuerzo que va a implicar su decisión, es una persona que actúa con coraje en lugar de miedo y lleva a cabo las acciones necesarias para cumplir su meta.

3. **Es paciente:** La mayoría de las personas se rinden a mitad del camino o casi al final cuando es-

tán a punto de lograrlo. Sin embargo, una persona con determinación es paciente con ella misma porque sabe que lo va a lograr, que depende de sus esfuerzos, y sabe que toma tiempo obtener el resultado deseado y no es algo que se logre de inmediato, que las cosas que valen la pena tienen su tiempo de gestación.

4. **Es perseverante:** No se rinde, lo vuelve a intentar las veces que sea necesario hasta lograr su meta u objetivo.

5. **Tiene Fe:** Tiene la convicción y la confianza de que lo va a lograr. No hay lugar para dudas y, si surgen, no permite que la detengan, las vence porque sabe que las dudas son las que ocasionan las excusas para no seguir adelante con su meta.

6. **Se compromete a largo plazo:** Se sacrifica del placer inmediato a través de su esfuerzo con miras hacia lograr su objetivo, ya sea a mediano o largo plazo.

7. **Tiene claridad:** Sabe qué quiere y hacia dónde va, por eso es que nada la detiene y sigue adelante hasta conseguir su meta, su sueño u objetivo.

8. **Calidad:** No se conforma con hacer las cosas a medias, necesita estar satisfecha y saber en su interior que ha hecho todo lo mejor de su parte, se fija en los detalles, revisa, busca la excelencia.

9. **No se compara con los demás:** Es auténtica, siempre busca superarse a sí misma para ser una mejor persona en todo, tanto a nivel personal como en su forma de realizar las cosas.

10. **Sentido de Responsabilidad** (deber, compromiso, obligación): La determinación requiere de

responsabilidad, porque, una vez que determinas hacer algo, te autoasignas un trabajo, una responsabilidad de llevar a cabo esa acción. Se necesita tener sentido de responsabilidad para emprender la tarea con eficiencia y calidad.

El Poder de la determinación:

La determinación es una de las claves más importantes para los logros, no solo consiste en tener una emoción o un pensamiento para lograr una meta o un objetivo, sino que la determinación de una persona sale a la luz cuando esta atraviesa situaciones, momentos difíciles, obstáculos, frustraciones, etcétera, y, que, a pesar de sus circunstancias, logra alcanzar unos resultados extraordinarios

Con esto podemos definir a una persona con determinación, con una voluntad inquebrantable de lograr su sueño, su objetivo o meta, sin importarle los sacrificios que tenga que hacer, sin tomar en cuenta el tiempo, ya que es paciente y no se rinde, cueste lo que cueste, sigue luchando hasta lograr su sueño.

CAPÍTULO 16

MI EXPERIENCIA PERSONAL

En mi primer libro de la trilogía, llamado *Resiliencia*, hablé un poco acerca de esto, me refiero al sueño que tenía de realizar una carrera. Hubo muchos obstáculos en el camino, pasó mucho tiempo, pero nunca me rendí, no me detuve, me tomó muchos años hasta que por fin lo conseguí y no solo una, sino dos carreras.

Cuando terminé mis estudios de la preparatoria (en México), al principio no sabía muy bien qué quería estudiar, pero después me decidí por la carrera de Licenciatura en Idiomas. En ese entonces, era una carrera nueva, había muchos inconvenientes. Por una parte, como era nueva, era costosa, y por otra, al no haber suficientes alumnos inscritos, no la abrieron sino hasta muchos años después.

Así que, para no perder todo un año, y como siempre me han gustado los idiomas, decidí estudiar en ese año inglés y francés al mismo tiempo. No domino muy bien el francés, pero aprendí algunas frases, saludos y vocabulario.

Al terminar ese año, al poco tiempo abrieron la carrera de Licenciatura en Administración Hotelera. También siempre me ha gustado todo lo relacionado con el turismo, así que comencé a estudiar esa carrera y, cuando estaba en el segundo semestre, nos asaltaron en nuestra propia casa.

Asimismo, a los quince días del asalto, trataron de secuestrar a mi querido padre (Q. E. P. D.).

Empezó a empeorar la situación en cuanto a la insegu-ridad en México, así que mi padre tomó la decisión de regresarnos a Líbano. Al llegar a Líbano comenzamos a buscar universidades, ya que mi sueño era tener una carrera, ya sea relacionada con los idiomas o el turismo, y aunque no había exactamente esas carreras, yo no me conformaba con no tener una carrera, ya que siempre me ha gustado estudiar.

La primera barrera con la que me topé fue la del idioma, porque, a pesar de que hablo árabe, no domino bien la escritura ni la lectura, y lo poco que sabía no era sufi-ciente para un nivel universitario, ya que cuando salí por primera vez de Líbano hacia México con mi familia tenía diez años de edad, por lo tanto, en Líbano solamente estudié hasta tercer año de primaria.

Así que en México ya no practiqué la escritura ni la lectu-ra del árabe, solamente lo hablaba en casa con mi papá, y lo que no se practica se olvida.

Al toparme con la barrera del idioma (el árabe), empecé a buscar Universidades en inglés, sin embargo, no con-taba con el segundo obstáculo.

El segundo obstáculo era el costo de las colegiaturas, las Universidades en inglés eran muy costosas. Yo te-nía veintiún años de edad, ya había perdido tiempo entre tanto cambio de país, pero aun así yo quería empezar de nuevo con mis estudios universitarios.

Otra de las cosas con las que no contaba era que mis do-cumentos escolares (que avalaban mis estudios en México) no tenían validez alguna en Líbano, pues a pesar de haber-los traducido oficialmente al inglés, les faltaban sellos muy importantes para que fueran válidos, tales como: el sello de la Embajada de Líbano en México, el sello de la Secretaría de Educación y el de la Secretaría de Gobernación.

No sabía bien qué iba a pasar, mientras, tomé unos cursos de inglés, de computación y de Ticketing & Reservation, esto con el fin de poder empezar a buscar un trabajo en alguna Agencia de Viajes.

A pesar de estar ocupada en esos cursos, en el fondo de mi corazón tenía la espinita clavada de que yo no me iba a conformar con eso, yo quería hacer una carrera, no importa cuándo ni en dónde, pero lo quería hacer, ese era mi sueño.

En ese entonces, no sabía lo que me deparaba el destino, mientras, conseguí un trabajo temporal de medio tiempo en una Agencia de Viajes. En ese entonces, conocí al que fue Embajador de México en Beirut (Líbano) en 1997, casi al año y medio de que habíamos regresado a Líbano.

Sin siquiera imaginarlo, el destino me tenía preparada una gran sorpresa y, como siempre, Dios supera mis expectativas, ya que en mayo del 1997 fui contratada como Asistente del Embajador de México en Beirut (Líbano).

Estaba muy contenta en la Embajada, era una gran oportunidad para mí, ya que no tenía una carrera terminada ni dominaba los tres idiomas oficiales (árabe, inglés y el francés), pero me ayudó el saber español y, gracias a Dios y a unos amigos que me puso en mi camino como ángeles, logré triunfar en mi trabajo y duré casi cinco años.

A pesar de que estaba contenta en la Embajada, seguía teniendo la espinita clavada en mi corazón de que quería hacer una carrera y estaba rondando en mi mente la idea de regresarme a México por varias razones, una de ellas, para realizar mi carrera, así que me decidí y me regresé a México.

Me puse a buscar universidades, pero tenía que encontrar una que se adaptara a mis necesidades, es decir, que me permitiera estudiar y trabajar a la vez. Yo tenía la edad de veintisiete años y medio, casi veintiocho, así que encontré la carrera de la Licenciatura de Administración de Empresas, la cual era a distancia y presencial a la vez (una vez a la semana, cada sábado, durante tres años y medio consecutivos).

Así que lo hice, me decidí y entré a estudiar mientras trabajaba a la vez en una escuela de Español para Extranjeros. Terminé mi carrera a los treinta y un años de edad, es decir, que ese sueño que tenía desde 1994 (en que se vieron interrumpidos mis estudios por el asalto e intento de secuestro de mi padre), me tomó once años conseguirlo, ya que concluí mi carrera en el año 2005.

Tuve la fortuna de tener entre mis invitados en mi graduación, además de mis queridos padres y unos tíos, al Embajador y a su esposa, es decir, el que fue mi primer jefe en la Embajada de México, en Beirut (Líbano).

Por lo tanto, me tomó conseguir mi sueño once AÑOS, DESDE 1994 HASTA FINALIZARLO EN EL 2005, pero nunca me rendí, nunca renuncié a mi sueño.

En el 2009, se me presentó la oportunidad de hacer una Especialidad en la Enseñanza del Español a nivel básico, era de un año y medio, casi dos, así que la hice y obtuve mención honorífica.

Mi objetivo al compartirte mi experiencia es el poder transmitirte el mensaje de que no importa los obstáculos a los que te puedas enfrentar, no importa el tiempo que pueda transcurrir, y, aunque no fue exactamente lo que quería, es bueno tener opciones de otras cosas que te gustan, pero nunca renuncies a tus sueños. Todo es posible si estás decidido y recuerda que todo es cuestión de: FE, PACIENCIA Y TIEMPO.

CAPÍTULO 17

EL SENTIDO DE LA RESPONSABILIDAD

Ser responsable es un término que puede englobar muchos aspectos, no es nada más cumplir con tus obligaciones del día a día, ya sea en tu escuela, en tu trabajo o en tu hogar, entre otras tareas. Es también ser consciente de las decisiones que tomas y de las consecuencias e implicaciones que ello conlleva.

Es ser coherente entre lo que piensas, dices y haces, es decir, en todos tus actos, sin echar culpa a otros y sin caer en el victimismo, sino más bien hacerte responsable de tu propia vida, porque, de lo contrario, estarías otorgando tu poder a las personas, a las circunstancias y hasta a tus propias emociones.

De esta manera, en lugar de que tú las controles (en el sentido de que no te afecten y en el sentido de que tú decides cómo vas a reaccionar a ellas), puedes acabar siendo controlado por ellas si es que entregas tu poder personal al echar culpas, al sentirte víctima de las circunstancias y al no hacerte responsable de tu propia vida.

Ser responsable es también respetarte a ti mismo y respetar a los demás, sin que trates de cambiarlos, ya que cada quien es responsable de su vida y de cómo quiere llevarla a cabo. A la única persona a la que puedes cambiar es a ti mismo, puedes llegar a ser un ejemplo de inspiración para los demás a través de tus actos y de tus resultados.

¿Para qué o de qué sirve ser responsable?

El ser una persona responsable no solo te puede ayudar a concretar tus sueños o tus objetivos, sino que uno de los beneficios que aporta el ser responsable es, por ejemplo, cuando se dice que alguien que es responsable equivale a una persona que genera CONFIANZA, que denota HONESTIDAD y que tiene el SENTIDO DE LA RESPONSABILIDAD.

Por ejemplo, en un trabajo, cuando se le encarga a un colaborador realizar cierta actividad y es responsable, de antemano sabes que lo va a hacer y que lo va a hacer bien, sabes que no hay necesidad de estarlo vigilando o recordando para que termine su trabajo.

Otro de los beneficios de ser una persona responsable es que dice mucho de tu persona, te define como alguien independiente, que sabe tomar decisiones para resolver y asume las consecuencias de sus actos.

Te ayuda a tener confianza en ti mismo y los demás tendrán confianza en ti. Tu palabra va a tener valor, credibilidad.

El valor de la responsabilidad

La responsabilidad comienza a enseñarse primero en el hogar, después en las escuelas, pero ¿por qué se considera como un valor? ¿Por qué hay algunas personas que parecen ser responsables innatos, mientras que otros les cuesta un poco más de trabajo ser responsables?

Para algunas personas el simple hecho de escuchar la palabra "responsabilidad" puede tener una connotación negativa, como una carga o como una obligación, mientras que otras la consideran como la base de todo, ya que genera seguridad y confianza de que, si es una persona responsable, no hay necesidad de preocuparse de si va a hacer las cosas o no, damos por hecho que cumplirá y las cosas van a salir bien.

La confianza es la base en todo, en las relaciones, en las escuelas, en los trabajos, y es por ello que se valora la responsabilidad como algo positivo, porque proporciona confianza y estabilidad.

Tal vez te estés preguntando: "¿Pero y entonces qué pasa con aquellas personas para las cuales la palabra "responsabilidad" tiene una connotación negativa?".

Desde mi opinión personal, creo que todos necesitamos sentirnos seguros, y hasta esas personas a las que aparentemente les pueda molestar la palabra responsabilidad, si ellas, por poner un ejemplo, pagan en un taller mecánico para que le den un servicio a su coche, van a esperar que su coche quede funcionando bien. En caso de que así sea, el taller cumplió su parte y esto generará confianza para que vuelva el cliente a ese mismo taller.

En cambio, si el coche no queda funcionando del todo bien, el cliente se molestará, ya que habrá gastado su dinero sin tener el resultado que esperaba, y esto hará que pierda la confianza y no quiera regresar nunca más a ese taller.

Este tema de la responsabilidad, como comentaba anteriormente, puede ser muy amplio y abarcar muchos aspectos, estos solo son algunos ejemplos a grandes rasgos.

Claves para ser más responsable

Así como algunas personas nacen con el sentido de la responsabilidad de forma innata (lo digo porque lo he visto en conocidos o personas cercanas), sobre todo lo he observado en los niños que no se sienten bien si no terminan su tarea, ellos son los que están detrás de sus padres para que les compren el material que necesitan para hacer sus tareas, en lugar de que sea al revés, es decir, que los padres estén detrás de los niños para que hagan su tarea.

También están las personas a las que tal vez les falta aprender cómo ser más responsables, ya sea en la escuela, con los deberes de su casa o en su trabajo. Tal vez hay que estarlos supervisando un poco, pero esto no significa que no puedan aprender, ellos también tienen la capacidad de desarrollar el sentido de la responsabilidad.

Es cuestión de tiempo, no es algo que se logre de la noche a la mañana, se puede crear el hábito, se puede entrenar hasta aprender a cómo ser una persona responsable. Lo primero que se requiere es tener la disposición y la motivación para hacerlo.

Las claves para aprender a ser más responsable son:

1. **Escribe una meta u objetivo en concreto:** Puedes empezar con el siguiente ejemplo: "Mi meta es bajar de peso para el verano".

   Te recomiendo que escribas las acciones que vas a hacer para lograrlo, por ejemplo, primero, puedes inscribirte a un gimnasio, segundo, llevar un plan alimenticio sano.

2. **Pon una fecha aproximada y que sea medible:** Es decir, entre más realista seas con respecto a tu objetivo, más factible será el realizarlo. Por ejemplo, pon una fecha aproximada para lograr tu meta, puede ser a mediano plazo, ya sea dentro de dos o tres meses, para que empieces a ver resultados. Ese sería un compromiso contigo mismo real y medible.

3. **Crear el hábito:** Lo más difícil primero es empezar, tal vez el primer día te cueste ir al gimnasio, pero si piensas en la recompensa que te espera (comprarte ropa nueva, lucir mejor en traje de baño, etcétera, algo que te motive) valdrá la alegría el esfuerzo, empieza así día tras día.

   Trata de ir a la misma hora al gimnasio, porque así tu cuerpo se acostumbra y cuando menos te des cuenta habrás formado en ti el hábito, te sentirás mucho mejor contigo mismo, con más vitalidad, con más energía y te verás mucho mejor.

4. **Sé paciente contigo mismo:** Tal vez hubo un día en que no te sentiste bien de salud o te surgió un imprevisto, no importa, por una vez no importa. Sé flexible y paciente contigo, pero al siguiente día vuelve a retomar el hábito para que no pierdas el enfoque, porque si dejas pasar más de un día, después te va a costar más trabajo volver a empezar, pero no te rindas, si fallas un día vuelve a intentarlo al día siguiente.

5. **Ser constante y disciplinado:** Recuerda que la clave está en la constancia, porque de nada sirve si llevas el plan alimenticio bien tres días y al cuarto o quinto día ya te comiste un helado y un chocolate, después al sexto día la haces bien, pero al séptimo vuelves a comer golosinas.

   Tampoco se trata de que seas duro contigo mismo, pero eso solo hará que te atrases y te tomará más tiempo ver tu objetivo realizado. Es por eso que es importante también el ser disciplinado, entre más constante y disciplinado seas más pronto verás el resultado.

6. **Prémiate:** Necesitas algo que te motive, piensa en los beneficios que vas a obtener una vez que logres tu objetivo. Por ejemplo, a los dos meses de estar yendo al gimnasio vas a empezar a ver resultados, cómprate ropa nueva y tal vez después hasta puedes planear un viaje a la playa, lo que a ti te motive.

7. **Evalúate:** Evaluarte es una manera de ser sincero contigo mismo para ver si estás yendo en la dirección que te habías trazado. Si sientes que no lo has hecho del todo bien analiza de qué manera puedes mejorarlo y vuelve a empezar, pero no te rindas.

Recuerda que convertirte en una persona responsable no es algo que suceda en un día o una semana, primero se tiene que crear la conciencia de querer aprender a cómo serlo y tener la disposición y la motivación para llevarlo a cabo, piensa en el beneficio final que vas a obtener. Además de la constancia y perseverancia, recuerda que también es cuestión de Fe, Paciencia y Tiempo.

La clave está en mantenerte enfocado en tu objetivo, mantén el ánimo y el entusiasmo durante el esfuerzo.

CAPÍTULO 18

LA MEMORIA

¿Te has preguntado por qué algunas personas pueden retener información con una sola vez que vean o escuchen algo mientras que otras personas requieren de la repetición para poderla retener?

Con esto no quiero decir que unas personas sean más inteligentes que otras, ya que, por ejemplo, mientras unas personas tienen buena memoria para las calles, no la tienen para los nombres de las personas.

Asimismo, ciertas personas pueden tener buena memoria para los números o fechas, pero no para hacer las compras del supermercado, ya que si no anotan en su lista se les puede olvidar comprar algún producto y eso les ocasione que tengan que regresar de nuevo a terminar de hacer el resto de sus compras.

¿Cómo te explicas que una persona que tiene una muy buena memoria para los nombres de las personas no tiene la misma memoria para recordar caras de nuevas personas que acaba de conocer o que ha visto pocas veces?

Tal vez esto tiene que ver con las formas que tiene cada persona para aprender, algunas son más visuales, otras son más auditivas, etcétera.

Es importante estar consciente de cuál es la forma en que tú aprendes o retienes la información más rápido, ya sea que te consideres una persona más visual o más auditiva, ya que, al saberlo, eso te ayudará a identificar las técnicas más fáciles para ti, para así poder enfocar mejor tu atención, lo cual te permitirá seleccionar de una manera más adecuada aquella información que te resulte más útil y que sea de tu interés.

Hoy en día es tan fácil acceder a la información, pero, a la vez, al haber tantas opciones, te pueden llegar a confundir. Es por eso que es tan importante tener el enfoque y la atención adecuada en aquello que necesitas aprender o llevar a cabo, para así evitar, que, al saturarte de información, empieces a olvidar algunas cosas que pudieran ser importantes.

Por ejemplo, a dos personas les pueden pedir que lleven a cabo la misma tarea, una la hace desde la primera vez que le dieron la indicación, mientras que a la otra persona se le tuvo que recordar de dos a tres veces para que la pudiera llevar a cabo.

¿A qué se debe esto? Una de las razones puede ser que la primera persona se enfoca únicamente en esa tarea que tiene que hacer y por eso no se le olvida, mientras que la otra persona quiere hacer dos o tres cosas a la vez, y empieza a hacer la primera, todavía no la termina y empieza a hacer la segunda, y tal vez alguien le habla, le llegó un mensaje, se distrajo y olvidó la primera tarea que tenía que hacer.

En estos casos, lo que te recomiendo es que, cuando tengas varias actividades que hacer y aparentemente todas a la vez, empieces a priorizar y a anotar cuáles son las más importantes, y te enfoques en una primero y la termines y después continúes con las demás.

A veces es difícil debido, tal vez, al tipo de trabajo que te toca desempeñar, pero aun así, el hecho de priorizar, de anotar, te ayuda de cierta manera a delimitar tus tareas y, por lo tanto, te permite enfocarte en las cinco tareas más urgentes o importantes del día.

Claves para mejorar la memoria

1. **Escribir y organizar por orden de prioridades**

   Esto es referente a cuando tienes que realizar más de una actividad y todas son importantes.

2. **Evitar hacer varias tareas a la vez**

   El haberlas anotado por orden de prioridad te ayudará a enfocarte en realizar una tarea a la vez. A veces quieres hacer muchas cosas al mismo tiempo, pero te recomiendo considerar que hay más riesgo de que cometas errores o que se te olvide hacer alguna tarea que también era importante.

3. **Evita los distractores**

   Por ejemplo, si estás realizando una actividad que requiera concentración, como prepararte para un examen, evita todo tipo de distractores (el celular o la televisión), ya que, si tienes el celular encendido y a tu alcance, te llega un mensaje, empiezas a verlo y te distraes.

   Eso hará que te cueste más trabajo volverte a concentrar, por eso es importante que te mantengas enfocado solamente en aquello que estás estudiando, eso te permitirá aprender mejor y, por lo tanto, a tener mejor memoria de lo aprendido.

4. **Realizar ejercicios**

   Beneficia las funciones cognitivas, como el aprendizaje, estimula a las células nerviosas, contribuye a regular el flujo sanguíneo. Asimismo, te ayuda a que el cerebro trabaje a su capacidad óptima.

5. Alimentarse sanamente

Algunos de los alimentos que ayudan a mejorar la memoria son: el brócoli, las nueces y el apio, los cuales contienen antioxidantes que protegen tu salud cerebral. Aumenta el consumo de grasas omega-3 de origen animal y trata de reducir el consumo de grasas. El aceite de coco es otra grasa saludable que refuerza la función cerebral.

6. Descansar

De nada sirve esforzarte si no duermes bien y te sientes fatigado, eso hará que tengas menos energía y, por lo tanto, menos enfoque. Necesitas sentirte bien, dormir bien y que tengas la energía y la salud para poder desempeñar bien tus tareas o actividades.

7. Leer

Practica el hábito de leer, no solamente es una manera de practicar el retener la información, sino que es un buen ejercicio para el cerebro y para la memoria. Si eres una persona visual, la lectura te puede ayudar, por ejemplo, a recordar lo que leíste en el capítulo anterior relacionado con algún otro capítulo.

8. Escuchar videos de algún tema de tu interés

Es una forma interesante de aprender, ya que es visual y auditivo a la vez, además de que es una forma dinámica de aprender.

9. Sé práctico

Una buena memoria es la consecuencia de buenos hábitos. Presta atención, ya que es fundamental para la buena memoria. Si no pones atención en lo que estás haciendo o en alguna indicación que te estén dando, hay más probabilidad de que se te olvide o que la lleves a cabo mal.

Utiliza tus sentidos, de esa manera es más fácil recordar. Concéntrate en lo que estés haciendo, observa, enfócate en lo básico.

Revisa primero las cosas básicas, trata de asociar la nueva información con cosas que ya conoces, así podrás crear un entendimiento mucho más rápido. Por ejemplo, trata de explicar a alguien más lo que aprendiste, así te darás cuenta de si lo comprendiste bien.

10. Utiliza trucos de memoria

- **Imagen visual.** Es más fácil recordar una palabra o idea cuando la asocias con una imagen en tu cabeza.

- **Memoriza canciones**. Las canciones son más fáciles de recordar que el texto normal, ya que mantienen un ritmo esperado.

- **Fragmentar o dividir**: Por ejemplo, la forma en que memorizas un número de teléfono ayuda a digerir mejor grandes cantidades de información. Por ejemplo, un número celular de diez dígitos (dependiendo el país o ciudad en la que vives), puedes dividir primero la lada, después los tres primeros números y después los últimos cuatro, también dividiendo esos cuatro en dos. Lo que a ti te resulte mejor.

Puedes encontrar muchos otros ejemplos o juegos para la memoria. Cuando quieras memorizar o recordar algo, trata de verlo en tu mente, realiza el recorrido en tu cabeza y recuerda lo que representa.

CAPÍTULO 19

CÓMO APRENDER A MANTENER EL EQUILIBRIO

Cada ser humano tiene la necesidad de sentir que tiene un balance o un equilibrio en su vida, ya que eso le va a permitir tener la sensación de armonía, de paz, de serenidad y, por lo tanto, de felicidad.

El equilibrio es una palabra profunda porque abarca muchos aspectos y muchas cosas a la vez. El verdadero reto de todo ser humano es precisamente encontrar ese equilibrio que busca en su vida.

¿Te ha pasado que dedicas mucho tiempo a alguna área de tu vida y descuidas otras?

Puede suceder que, a veces, sin estar consciente de ello, le das más importancia a tu trabajo que a tu vida personal, porque piensas que es tu fuente principal de ingreso, y está bien ser responsable y trabajador.

También hay que considerar otros aspectos de la vida como son: tu salud, tu familia, tus amigos, tu pareja y también el dedicarte un tiempo para ti mismo.

Es decir, hacer aquello que más te guste (tu pasatiempo favorito), tal vez salir a caminar o andar en bicicleta, ir al gimnasio, leer o simplemente salir a pasear.

A veces no te das cuenta, pero cuando la balanza se inclina más hacia un lado, por ejemplo, dedicas la mayor parte de tu tiempo a trabajar, pero no tienes tiempo para disfrutar de tu familia y hacer actividades que te entusiasman y te gustan, a la larga puede afectar tu salud o hasta tu estado anímico.

Desafortunadamente, muchas veces, cuando empiezas a sentirte mal de salud es cuando realmente empiezas a prestarle atención a tu cuerpo. Tal vez necesitas descansar o dormir más, o comer mejor, etcétera.

Alguna vez te ha pasado que estás tan concentrado haciendo una tarea que te olvidas de comer y cuando te das cuenta ya es tarde, te empieza a doler la cabeza, y no es hasta que te sientes mal cuando te detienes.

Está bien estar enfocado y es de lo que trata principalmente este libro, sin embargo, eso no quiere decir que tengas que hacer algo a costa de tu salud, sino con responsabilidad, pero todo con un equilibrio mesurado.

Por ejemplo, si tienes que entregar un trabajo, ya sea en la escuela, o terminar una actividad que te encargaron en el trabajo para una determinada fecha u hora, te recomiendo, primero, que te organices lo más que puedas.

Es decir, planificar, y, segundo, es importante que hagas pausas cuando tú mismo cuerpo te lo está indicando, y después volverte a enfocar en lo que estabas haciendo.

Muchas veces tratamos de forzarnos, y está bien empujarse para conseguir alguna meta o cumplir con un deber, pero todo dentro del equilibrio, sin que sea a costa de tu salud.

De nada sirve que sigas trabajando en algo si la mente está cansada, ya que de esa manera no se puede ser productivo, además de que eres más propenso a cometer errores. Como te mencionaba anteriormente, puedes hacer pequeñas pausas cada dos horas y levantarte a caminar por diez minutos, sirve para moverte un poco y para despejar tu mente.

Si tienes hambre, come, pero realmente come, desconéctate en ese momento y solo dedícate a comer, sin estar con el celular o estar trabajando con los papeles a un lado. Te puedes tomar de unos quince a veinte minutos, con eso creo que es suficiente para reincorporarte a tus actividades con más energía; vas a ser más productivo que si continúas trabajando estando cansado y con hambre.

En cuanto a la familia y el tiempo que puedas estar con ellos, lo que realmente importa es la calidad que les dediques. Si no tienes tanto tiempo, por lo menos, en el tiempo que estés con ellos que tu atención sea plena. Disfrútalos, desconéctate de tu trabajo y de tus preocupaciones.

En cuanto a las salidas, si no puedes salir entre semana, por lo menos una vez a la semana o cada quince días haz algo divertido, sal al cine, a cenar o con tus amigos, y lo mismo con tu pareja. Puedes distribuir perfectamente tu tiempo para poder dedicar tu tiempo de forma equilibrada en todos los aspectos de tu vida.

Por ejemplo, si estás en tu trabajo dedícate a trabajar, no a estar checando tus redes sociales, tal vez a la hora de la comida o cuando ya acabes tu turno puedes hacerlo y, como mencionaba anteriormente, si tienes una carga de trabajo, trata de organizarte, priorizar aquello que sea más urgente y hacer las pausas cuando te sientas agotado, sin caer en los extremos de posponerlo y dejarlo a medias o de no comer y sentirte mal por no detenerte unos momentos a despejar tu mente.

En la medida de lo posible, trata de evitar los extremos. Tal vez es difícil saber cuándo estamos cayendo en el extremo, pero un indicador puede ser cuando sientes estrés, cansancio o molestias físicas como dolor de cabeza o cualquier otro tipo de malestar. No me refiero solamente en lo laboral, sino en todos los aspectos importantes de tu vida.

Uno de los mayores retos es encontrar el equilibrio emocional, ya que no siempre te puedes sentir de la misma manera. A veces te puedes sentir triste, otros días alegre, otros días enojado, otros días desanimado, otros días entusiasta, etcétera.

No todos los días son iguales, cada día vivimos cosas diferentes y no podemos tener el control de todo, algunas cosas sí dependen de nosotros, otras no. La sabiduría consiste en saber cuándo sí y cuándo no.

Somos seres humanos, es normal que no siempre nos levantemos con la mejor actitud o el mejor ánimo.

A continuación, te comparto una reflexión de un video que se titula: ***Busca el Equilibrio en tu vida.***

Reflexión: *Busca el Equilibrio en tu vida*

La vida en el siglo XXI no es sencilla, lo seres humanos estamos ocupados y más distraídos que nunca en el pasado.

La tecnología ha acelerado enormemente nuestro ritmo de vida y, aun así, queremos que todo vaya aún más rápido, teléfonos más rápidos, Internet más rápido, autos más rápidos.

En esta alocada búsqueda de la velocidad, sin darnos cuenta, dejamos que las jornadas de trabajo se extiendan de las ocho horas a las dieciséis horas y a veces veintiuna horas de nuestro día. Agotados antes de dormir, todavía seguimos revisando *e-mails* y mensajes. Lo primero que hacemos en la mañana es revisar el chat.

Nuestro moderno estilo de vida a menudo nos abruma, nos genera estrés y enfermedad. Tú sabes. En este sentido, creo que la cultura ancestral de China tiene una sabiduría simple que compartir con nosotros: Equilibrio.

Viviendo a semejante velocidad todo el tiempo es como si quisiéramos que solo exista el día… sin noche. No podemos vivir en esa ilusión.

Cambia tu perspectiva, disminuye tu velocidad y podrás encontrar el equilibrio. La búsqueda del equilibrio es una parte esencial en nuestras vidas.

Nuestro propósito más importante es entender nuestras vidas y así poder decidir cómo queremos vivirlas.

Ese es el espíritu del Taichi que espero poder compartir con el mundo: salud y felicidad. El Taichi es una senda que te llevará a mejorar tu salud y la meditación Zen te ayudará a expandir las fronteras de tu mente y liberará tu espíritu.

Realmente espero que el Taichi pueda ayudar a equilibrar nuestras vidas para que así podamos encontrar la salud y la felicidad.

Te deseo salud, te deseo felicidad.

Fuente: https://www.youtube.com/watch?v=nZtfn7jkNsM

Los Trece Consejos de Buda para tiempos difíciles

Siddhartha Gautama, el Buda, nos dejó un legado de sabiduría. Entre sus muchas enseñanzas, nos ofreció trece consejos para reflexionar cuando estemos experimentando tiempos difíciles. Hay -según el maestro- una forma ideal de vivir en esos momentos, es una manera más tranquila, amorosa e inteligente de afrontar todo lo que nos sucede, y, como siempre, el secreto, la clave, tiene que ver con nuestra actitud ante estas experiencias.

1. **Las cosas son lo que son:** Nuestra resistencia a las cosas es la principal causa de nuestro sufrimiento. Esto sucede cuando nos resistimos a ver las cosas tal y como son. Si no puedes hacer nada, relájate, no luches contra la corriente, acéptalo, o, por el contrario, serás consumido por el sufrimiento.

2. **Si crees que tienes un problema, entonces tienes un problema:** Ten en cuenta que todo se ve a través de una perspectiva, en un determinado momento las cosas parecen difíciles, mientras que en otros no. Sabiendo esto, cuando tengas una dificultad, escoge entenderla como un reto, como una oportunidad de aprendizaje. Si lo ves como un problema, esa dificultad sin duda alguna será un problema.

3. **El cambio comienza en ti mismo**

   Tu mundo exterior es un reflejo de tu mundo interior, tenemos la costumbre de que todo estará bien cuando las circunstancias cambien. La verdad, sin embargo, es que las circunstancias cambiarán solo cuando se produzca este cambio dentro de uno mismo.

4. **No hay mayor aprendizaje que equivocarse**

   El fracaso no existe, entiende esto de una vez por todas, todas las personas exitosas han fracasado varias veces. Disfruta de tus fracasos como de una gran experiencia de aprendizaje, si lo haces así, la próxima vez estarás más cerca del éxito. El fracaso es siempre una gran lección de aprendizaje.

5. **Si algo no sucede como estaba previsto, significa que lo mejor está aún por llegar**

Todo sucede a la perfección, incluso cuando las cosas van mal. A menudo cuando volteamos hacia atrás nos damos cuenta de que lo que consideramos como malo, de hecho, fue lo mejor que pudo habernos pasado.

Sin embargo, cuando funciona, sin duda, estamos alineados con nuestro propósito de vida, el universo siempre trabaja a nuestro favor.

6. **Aprecia el presente**

Lo único que tenemos es el momento presente, así que no lo dejes escapar perdiendo el tiempo con el pasado. Aprecia tu momento presente, ya que es lo único importante y es a partir de él cuando estás creando tu vida futura.

7. **Deja el deseo de lado**

La mayoría de la gente vive la vida guiada por los deseos, esto es extremadamente peligroso. Un deseo no satisfecho se convierte en una gran frustración, la frustración desencadena una fuerte energía negativa y se retrae el crecimiento. Trata de entender que todo lo que necesitas vendrá a ti para cultivar tu felicidad incondicional.

8. **Comprende tus miedos y sé agradecido**

El miedo es lo contrario del amor y es otra cosa que dificulta tu desarrollo, sin embargo, es importante, ya que proporciona una gran oportunidad para el aprendizaje.

Cuando se vence el miedo, se vuelve uno más fuerte y más confiado, superar los miedos requiere práctica. El miedo es solo una ilusión, y, sobre todo, es algo opcional.

9. Experimenta alegría

Hay personas que disfrutan de todo lo que les sucede, incluso en la peor situación se ríen de sí mismos. Estas son personas que ven el crecimiento en todo. Estas personas aprendieron que es importante centrarse en la alegría y no en las dificultades, el resultado es que atraen situaciones mucho más felices que tristes a sus propias vidas.

10. Nunca te compares con los demás

Solo has venido aquí para cumplir tu propia misión y esta es tan importante como la de cualquier otra persona. Sin embargo, si no puedes evitar las comparaciones, compárate con los que tienen menos que tú, esa es una gran estrategia para darte cuenta de que siempre has tenido mucho más de lo que necesitabas para ser feliz.

11. No eres una víctima

Tú siempre eres el creador de tu propia experiencia, todo lo que te sucede es atraído por ti mismo y es extremadamente necesario para tu aprendizaje.

Cuando algo desagradable te suceda, da gracias y pregúntate: "¿Por qué he atraído esto a mi vida? ¿Qué es lo que necesito para aprender de esta experiencia?".

12. Todo cambia

Todo en esta vida es dinámico, todo cambia en un solo segundo, así que no vivas lamentándote. Si no sabes qué hacer, es preferible que no hagas nada, el Universo no deja de cambiar, de crecer y de expandirse, así que espera porque todo pasará.

13. Todo es posible

Los milagros ocurren todos los días y nosotros somos los responsables de los mismos, cree en eso y confía. En la medida en que consigas un cambio de consciencia, hallarás en ti el poder de obrar milagros.

Ya lo sabes, ha llegado el momento de cambiar y de comprender la importancia de estos sabios consejos que nos ofrece Gautama Buda. Solo tú, tú y tú tienes la posibilidad de transformar tu mundo. Todo es una gran oportunidad.

Fuente: https://www.youtube.com/watch?v=z5JHU7m7C8s

CAPÍTULO 20

LA CRÍTICA

"El ignorante critica porque cree saberlo todo, el inteligente respeta porque cree que puede aprender algo nuevo".

ALBERT EINSTEIN

Reflexión: La anciana sabia (cuentos milenarios)

En un amplio patio de la casa más elevada del poblado, descansa una sabia anciana, cuyo rostro se decía que inspiraba una extraña mezcla entre misericordia y firmeza. Era conocida por el nombre de Ramala y de todos era sabido que sus palabras parecían brotar del manantial de la eterna sabiduría.

Un día de sol en el que la anciana se hallaba meditando bajo la sombra de una vieja higuera, se presentó ante el umbral de su casa un joven que dijo:

—Sabia amiga, ¿puedo pasar?

—La puerta está abierta —respondió Ramala.

El joven, cruzando el umbral y acercándose hasta la anciana dijo:

—Me llamo Majen y trabajo como artista, mis realizaciones son sinceras y plenas de sentimiento, sin embargo, tengo un gran problema, me atormentan las críticas que se hacen de mi obra y de mi persona.

»Vivo obsesionado por la perturbación de las descalificaciones y, por más que trato que no me afecten, terminan por esclavizarme.

—Sigue, explícame todo lo que te pasa —dijo la anciana mirándole con amor y comprensión.

—Puede decirse que, para tomar cualquier decisión —contestó Majen—, necesito la aprobación de los demás, y sucede que, cuando me piden algo que no puedo de inmediato complacer, la tensión que de pronto inunda mi pecho me llega a quitar el sueño. En realidad no sé decir "NO" y por temor a que no me quieran no me permito ser yo mismo con todas las consecuencias.

»Sé que eres sabia y que tu fama de sanadora alcanza los horizontes más alejados. Dicen también que tus remedios son extraños, y, sin embargo, no me falta confianza para acudir a ti a fin de conseguir la paz que tanto necesito.

Ramala, mirando al joven con suavidad y firmeza, le dijo:

—Si quieres realmente curarte, deberás dirigirte al cementerio de la ciudad. Una vez ahí, procede a insultar y calumniar a los muertos, deberás pronunciar los peores y más indeseables juicios. Cuando lo hayas realizado, vuelve y relátame lo que te haya sucedido.

Ante esta respuesta, Majen, aunque se hallaba un tanto desconcertado por no entender el porqué de tal remedio, se despidió y salió de aquella casa.

Al día siguiente, se presentó de nuevo ante Ramala.

—¿Y bien? ¿Fuiste al cementerio? —preguntó esta.

—Sí —contestó Majen, con un tono algo decepcionado.

—¿Y qué te contestaron los muertos? —dijo Ramala.

—Pues en realidad —respondió Majen en tono incrédulo—, no me contestaron nada. Estuve tres horas profiriendo toda clase de críticas e insultos y, en realidad, ni se inmutaron.

La anciana, sin variar el tono de su voz, le dijo a continuación:

—Escúchame atentamente, vas a volver nuevamente al cementerio, pero en esta ocasión vas a dirigirte a los muertos profiriendo todos los elogios, adulaciones y halagos que seas capaz de sentir e imaginar.

La firmeza de aquella mujer eliminó las dudas de la mente del joven, que, tras despedirse, se retiró de inmediato.

Al día siguiente, Majen volvió a presentarse en la casa.

—¿Y bien? —preguntó Ramala.

—Nada —contestó Majen en un tono muy abatido y desesperanzado—. Durante tres horas ininterrumpidas he recorrido las tumbas y he articulado las palabras más hermosas acerca de sus vidas y también he destacado las cualidades más generosas y benéficas que difícilmente pudieron oír en sus días sobre la tierra.

»Y me pregunto: "¿Qué ha pasado?". Pues nada, no ha pasado nada, ahí ni se inmutaron ni respondieron. Todo continuó igual a pesar de mi entrega y esfuerzo. Así que me pregunto: "¿Dónde está la eficacia de esa extraña medicina?

¿Eso es todo?" —interpeló el joven con cierto escepticismo.

—Sí —contestó Ramala mirándole a los ojos de forma dulce y contundente—, eso es todo, porque así debes ser tú, Majen.

»¡Indiferente como un muerto a los halagos e insultos del mundo, sé tú mismo, imperturbable e inafectado, más allá de los claros y los oscuros del mundo superficial, recupera el poder que has dado a los demás y confía en la perfección del Universo, que se expresa a través de tus errores y aciertos!

Fuente: https://www.youtube.com/watch?v=WIiwQ9LLq3s

CAPÍTULO 21

EL MIEDO AL FRACASO ANTE UN SUEÑO O A EMPRENDER ALGO

¿Alguna vez has tenido un sueño, pero por miedo ni siquiera lo intentaste? ¿Has pensado en qué es lo que realmente te detiene para conseguir tu gran sueño?

Cuántas veces has escuchado ya sea de personas a tu alrededor decirte: "Ni sueñes, eso es imposible". O frases como: "Es demasiado bueno para ser real". O si quieres realizar un sueño te tratan de etiquetar de por vida como si no fueras capaz de conseguirlo nunca, como si ellos te conocieran a ti más que tú mismo.

Desafortunadamente, muchas veces ni siquiera te das cuenta de ello, es decir, el miedo llega a ser tan sutil en la mente, pero tan poderoso que te puede paralizar.

En mi experiencia personal, enfrenté el miedo imaginario cuando aprendí a manejar nuevamente después de muchos años de haber dejado de manejar.

Ya sabía manejar, pero al principio solamente me atrevía a manejar cerca de mi casa, por mi cuadra, y mi miedo me hacía creer que no podía manejar dentro de la ciudad. En el fondo, yo sabía que era un miedo imaginario.

Porque yo sabía en mi interior que tenía la capacidad, puesto que ya estaba manejando, pero en mi mente era tanto el temor, que me paralizaba, me detenía, en el sentido de no poder manejar dentro de la ciudad. Hasta que finalmente tomé la decisión, elegí ser valiente y me armé de valor, y finalmente lo hice.

¿Qué gané? Gracias a esa decisión, hoy soy más independiente, más segura de mí misma y me di cuenta de que el temor era solo imaginario, pero en la mente era tan fuerte que me detenía. Finalmente, la decisión está en uno mismo, si se quiere dominar por el miedo o hacer las cosas y seguir adelante a pesar del miedo.

¿Por qué tiende el ser humano a tener tanto miedo de lo desconocido? ¿Por qué cuando somos niños no le tenemos miedo a nada? ¿En qué momento aprendimos a tener miedo? Entonces te has preguntado: "¿Qué es realmente el miedo?".

A continuación, te comparto una hermosa reflexión del actor Will Smith acerca de qué es el Miedo.

Reflexión: Cuando sientas Miedo en tu vida acuérdate de este video -Will Smith

He visto lo que el Dr. Blanton, Smiley Blanton, colega del Dr. Norman Vincent Peale, dice sobre el Miedo:

El miedo es la enfermedad más sutil y destructiva de todas las enfermedades humanas.

Damas y caballeros, el MIEDO mata sueños, el MIEDO mata esperanzas, el MIEDO pone gente en el hospital, el MIEDO puede envejecerte.

El MIEDO, damas y caballeros, puede detenerte de hacer algo que sabes que eres capaz de hacer, pero no lo haces porque el miedo te paraliza y pareciera que estuvieras en un hechizo hipnótico.

Y yo te pregunto: ¿Cuál es el beneficio? ¿Cuál es el beneficio de permitir que el miedo te detenga? ¿Cuál es el beneficio de renunciar a ti mismo, de no tomar el ritmo de la vida y tomarla por las riendas? ¿Cuál es el beneficio para ti?

¿Cuál es el lado positivo?

Esa es una de las cosas que tuve que preguntarme, porque yo no quería cometer ningún error. Yo quería caer bien a todos, quería que todo fuera perfecto la primera vez que hiciera algo.

¡Eso no va a pasar! Vas a cometer errores, vas a herir sentimientos, vas a hacer enemigos. En cuanto decidas tomar las riendas de tu vida, tienes que preguntarte "¿Cuánto tiempo voy a permitir que esto me detenga?".

Miedo es algo falso que parece real, es una ilusión que creamos en nuestra mente, es un estado mental que puede ser cambiado.

Mira tu vida ahora mismo, lo que has hecho en tu vida hasta ahora está teniendo un resultado, cualquier cosa que hayas creado en tu vida ha venido de ti y es el resultado del tipo de persona que decidiste ser.

Es el resultado de tus decisiones y es el resultado de tu conciencia. Ahora tienes que preguntarte: ¿Estás satisfecho con la vida que has creado? ¿Es eso lo que quieres? ¿Te gustaría que las cosas fueran mejor que eso?

¿Crees que mereces algo mejor que eso? ¿Estás contento? ¿Tú crees que no tienes que hacer nada más? Y no quieres hacer nada más, y piensas:

"Pues… estoy feliz, no estoy pasando hambre". ¿Estás permitiendo autoengañarte y ponerte la soga al cuello? ¿O crees que en el fondo de tu mente y en tu corazón hay un propósito más grande en el que tienes que trabajar? ¿Que hay algo más grande que la vida tiene para ti?

Yo creo que tienes que empezar por vigilar y ser consciente de tu diálogo interno y empezar a hablarte a ti mismo.

De construirte a ti mismo. A veces lo único bueno que escucharás de ti mismo es lo que tú te digas a ti mismo. Y algo más, la mayoría de la gente no vive sus sueños por miedo, damas y caballeros.

Estuve ayer en Columbus-Ohio hablando para un departamento particular de Ohio y una chica joven me saludó, era la que organizó el evento. Muy talentosa y muy habilidosa, ella contaba que quería comenzar en el negocio de las consultas y le dije: "¿Por qué no lo haces?".

Le dije: "Tienes las habilidades, no estás aquí porque les gustas… Tú estás aquí porque haces el trabajo y haces que las cosas sean posibles". Y ella vino con todo tipo de ideas… pero finalmente dijo:

"Creo que no me puedo ver haciéndolo, creo que tengo miedo".

El miedo limita tu visión y te baja la autoestima. El miedo es lo que mantiene haciendo a la gente lo que NO le gusta hacer.

Volé de Columbus (Ohio) a Denver (Colorado) para reunirme con una compañía grande de comunicaciones. Y la persona que me recogió me dijo que la compañía estaba planeando una reducción de tamaño significativa y que les ofrecían a algunos de sus empleados un plan de retiro temprano y algunos ganarían hasta 300,000 mil dólares.

Y les dijeron: "Esta es la última oportunidad que tienen para tomar esta oferta, si no lo hacen ahora, cuando hagamos la reducción podrán estar entre los que pierdan su trabajo y todo lo que tendrán será una pobre indemnización".

Y solo 50 % de la gente que podía elegir tomar los 300,000 mil dólares los tomó. Los otros tenían miedo de tomar la oportunidad para sí mismos. Los otros no podían verse sin su trabajo, no pudieron imaginarse su vida sin su trabajo.

Esta es la misma razón del porqué hay personas que siguen en relaciones en donde son abusados, no están felices o se sienten insatisfechos, no pueden verse más allá de esa relación, no pueden verse disfrutando la vida sin esa persona, piensan que eso es todo lo que pueden hacer.

La misma razón por la que algunas personas se quedan atascadas en cierto nivel de su vida. No pueden ver que las cosas pueden ser mejor para ellos y creen que eso es todo lo que se merecen y es todo lo que pueden tener.

Tienen esta idea metida en la cabeza y creen que eso es todo lo que se merecen.

Fuente: https://www.youtube.com/watch?v=sS8u1f7oyhA

CAPÍTULO 22

CÓMO APRENDER A DARLE EL JUSTO VALOR A LAS COSAS, SITUACIONES Y PERSONAS

¿Alguna vez te ha pasado, porque estimas a una persona o porque la quieres mucho, que su opinión es muy importante para ti? ¿Y cuando esa persona no piensa igual que tú respecto a una situación o no ve las cosas de la misma manera que tú te sientes mal por eso?

Tal vez te preguntes: "¿A quién debo escuchar? ¿A esa persona o a mi intuición?". Si se trata de algo que tú quieres hacer y no afecta a nadie, escucha a tu intuición, en cambio, si se trata de aprender algo nuevo sobre un tema que desconoces, te recomiendo que busques a personas que te inspiren confianza y que ya hayan obtenido los resultados que tú quieres obtener.

Por ejemplo, hay ciertos temas tan sencillos y a la vez tan delicados, que pueden causar polémica. En esos casos, recuerda que todos y cada uno de nosotros somos únicos y vemos las cosas de diferentes maneras, eso no significa ni que tú estés mal ni la otra persona, simplemente cada quien tiene su propia forma de percibir las cosas o situaciones, no hay una verdad absoluta.

La clave es el respeto, el respeto hacia las diferentes formas de pensar, sin que trates de cambiar a los demás, y a la vez el respeto hacia ti mismo, en el sentido de que tampoco hagas algo en contra de tu voluntad solamente por tratar de agradar a los demás, por buscar su aprobación o por encajar.

Lo importante es encontrar ese equilibrio entre aprender a ser leal a ti, sin que te traiciones, y a la vez respetando a los demás, pero sin que permitas que sus opiniones te afecten de más por el cariño que les tienes o que tengas que renunciar a un sueño por el miedo a lo que puedan decir o pensar de ti.

Por lo general, tendemos a darle demasiada importancia a lo que las demás personas pueden llegar a pensar de nosotros y eso a la larga nos frena, nos limita, y sin siquiera darnos cuenta estamos renunciando a ser quién realmente queremos ser.

En la vida siempre te vas a encontrar con personas a quienes les agradas y a otras a quienes no tanto, a personas que piensen similar a ti y a otras que pensarán de una forma totalmente diferente.

Entre más consciente estés de esto, mejor te vas a sentir contigo mismo. Es importante llevar una buena relación con los demás, pero es aún más importante sentirte bien contigo mismo, con quien tú eres, tú eres la primera persona que te tienes que sentir bien contigo mismo.

Es por eso que te recomiendo que ante una situación desagradable, una discusión o un comportamiento que no te agrade de los demás, simplemente no les prestes atención. Con el debido respeto, aprende a darle el justo valor a cada cosa, situación o persona, sin exceder la importancia del valor de una simple opinión o hasta una crítica.

Trata siempre de tomar lo mejor y de verlo todo como un aprendizaje y en lugar de molestarte, de estresarte o de entrar en discusión, simplemente trata de comprender que cada quien tiene su propia manera de pensar, de ver y de actuar. Por eso, como mencioné anteriormente, todos tenemos el libre albedrío y finalmente la clave está en aquello en lo que te quieres enfocar y en aquello a lo que quieras prestar atención.

Por ejemplo, si tuviste un mal día, llegas a tu casa y mentalmente estás repasando la situación una y otra vez, si tuviste una discusión, repasas una y otra vez qué fue lo que pasó, quién se equivocó, quién podría tener la razón, eso no tiene importancia, la verdadera importancia está en elegir en qué te quieres enfocar.

Por eso el título de este libro es *Enfócate en lo importante*, en aquello que te haga crecer, que te haga sentir bien, y no te enfrasques, no te enganches en situaciones sin importancia que no te aportan nada.

A veces es mejor tener paz que tener la razón, es por eso la importancia de aprender a darle el justo valor a las cosas, situaciones o personas. A veces de un problema pequeño se hace un problema grande por el exceso de importancia que le damos.

Si pudiéramos conocer cómo dar el justo valor a las cosas o personas, nos ahorraríamos mucho desgaste emocional, muchas peleas y discusiones sin sentido o el simple repaso mental de lo que salió mal y de cómo pudo haber salido mejor. Simplemente dale la vuelta al asunto y mejor enfócate en qué aprendizaje te dejó o qué puedes hacer para mejorar.

¿Alguna vez te has llegado a sentir triste o molesto por lo que los demás dicen o piensan de ti? ¿O porque alguna situación no resultó como tú esperabas?

Estas son algunas claves para que no te afecte lo que los demás puedan pensar o decir de ti:

1. Las críticas, la mayoría de las veces, no van directamente contra ti, muchas veces la crítica es una forma de admiración hacia tu persona, los motivos varían, o es porque quisieran poder ser como tú y no pueden, o quieren hacer lo que tú haces, pero no saben cómo, o simplemente no tienen el valor para realizar lo que tú haces y por eso te critican.

   Eso tampoco es excusa para hacer algo mal y que digas: "Lo que piensen o digan los demás no me importa", como por ejemplo robar o mentir sobre alguien y meterlo en problemas. Sino que es referente a una decisión sobre algo que quieres hacer, como un sueño o un proyecto, el cual no afecta a nadie y que te detengas solo porque te afectan las opiniones ajenas.

2. Otro punto importante que considerar es: obsérvate a ti mismo en tus comportamientos, es decir, tener la humildad para reconocer cuándo estás actuando a partir del ego y no del ser, evita tratar de querer tener siempre la razón en todo. Lo recomendable es vivir desde el ser, es decir, si tú entras en el estado del no ego, te haces consciente de la realidad.

   Es importante que te valores, pero no caer en el extremo de creer que posees la verdad absoluta. Lo que tú puedes hacer es esforzarte para mejorarte a ti mismo, siendo mejor persona cada día, superarte a ti mismo. Rompe tu propio récord de lo que eras hace unos años y no compitas con los demás, sé leal a ti, sé tú mismo.

3. Renuncia a la vanidad de creerte el más importante, único y especial del planeta, de modo que el estado de no ego te permitirá ser libre y ser feliz. Sobre todo, y lo más importante, es estar a gusto contigo mismo.

CAPÍTULO 23

ESPÍRITU DE LUCHA, ESPÍRITU DE GRANDEZA, DE INSPIRACIÓN

¿Cómo desarrollar un espíritu de grandeza? Desde mi punto de vista personal, una persona con un espíritu de grandeza es aquella que, a pesar de sus batallas, de los desafíos, de los retos a los que se ha enfrentado, no se da por vencida, no pierde la esencia de su Ser, es decir, que por muy duras que sean sus circunstancias no se rinde, no deja de sonreír y de seguir adelante.

Es aquella que no renuncia a sus valores, que se mantiene firme, quien, a pesar de su dolor, encuentra la manera de seguir adelante, que, en lugar de quejarse, siempre trata de verle el lado positivo a las cosas.

Además, todavía tiene fuerzas para ayudar a los demás, es un Ser generoso, que le gusta dar, que le gusta ayudar y, aunque a veces sienta ganas de abandonarlo todo porque hay momentos difíciles y se siente abatido, no se deja derrumbar por nada ni por nadie.

Vuelve a ponerse de pie y a impulsarse cada vez más fuerte, cada vez que vence un obstáculo, que, con su ejemplo, toca vidas, sirviendo como modelo de inspiración para seguir adelante, para nunca rendirse.

Reflexiones de personas que inspiran

Existen varios ejemplos de personas que son dignas de admiración y respeto, ya que, a pesar de las circunstancias difíciles que les tocó vivir, lograron salir adelante por su fe, por su fortaleza y por su perseverancia.

Es por ello que son un gran ejemplo de inspiración y de motivación. Los resultados que tienen hoy en día en sus vidas se deben principalmente a ese gran espíritu de lucha, de grandeza. Nunca dejaron de luchar, sabían que es en la lucha cuando más se tiene que luchar y por eso tienen los resultados que tienen, sobre todo porque nunca se rindieron.

Denzel Washington hablando de lo que realmente importa

Punto número uno: Pon a Dios en primer lugar.

Pon a Dios primero en todo lo que hagas. Todo lo que ven en mí, todo lo que he conseguido, todo lo que piensan que tengo, y tengo un par de cosas, todo lo que tengo es por la gracia de Dios. Entiendan eso, que es un regalo.

Hace cuarenta años, el 27 de marzo de 1975, estaba reprobando todas mis clases de universidad, tenía 1.7 de nota. Espero que a ninguno de ustedes les haya pasado.

Estaba sentado en el salón de belleza de mi mamá y miro al espejo, y miro a una mujer detrás de mí, bajo el secador, y, cada vez que la volteaba a ver, ella me estaba viendo directamente a los ojos y no sabía quién era ella, pero dijo:

"Saben, pásenme un lápiz que debo escribir una profecía".

27 de marzo de 1975. Dijo: "Chico, tú vas a recorrer el mundo y a hablarle a millones de personas". Ahora, consideren que estoy aplazando la universidad.

Estoy pensando en unirme al ejército, no sé lo que voy a hacer y ella me dice que voy a viajar por el mundo y hablar frente a millones de personas. Pues he viajado por el mundo y le he hablado a millones de personas.

Pero eso no es lo más importante, el éxito que he tenido. Lo más importante que ella me enseñó se me ha quedado en la mente desde entonces.

He sido protegido. He sido guiado. He sido corregido. He mantenido a Dios en mi vida y eso me ha mantenido humilde. No siempre he estado con Dios, pero sé que Él siempre ha estado conmigo. Entonces, manténganse con Dios en todo lo que hagan.

Si quieres hacer lo que he logrado en mi vida, entonces haz lo que he hecho y QUÉDATE CON DIOS.

Número dos: Fracasar en grande

Eso es correcto, ¡fallen en grande! Hoy es el comienzo del resto de tu vida y puede ser muy aterrador, es un mundo nuevo por ahí. Es un mundo malo y solo se vive una vez.

Entonces haz lo que te apasiona, toma riesgos profesionalmente. No tengas miedo de fallar.

Existe una vieja prueba de CI (coeficiente intelectual) donde tienes que conectar nueve puntos con solo cinco líneas. ¡Sin levantar el lápiz! La única manera de hacerlo era salir de la caja.

Así que no tengas miedo a salirte de la caja. Así que no tengas miedo de pensar fuera de la caja. No tengas miedo de fracasar en grande o de ¡SOÑAR EN GRANDE!

Pero recuerda, sueños sin metas son solo sueños, y en última instancia alimentan decepción. Entonces ten sueños con metas, metas de vida, metas anuales, metas mensuales, objetivos diarios.

Intento darme un objetivo todos los días, a veces simplemente no maldecir a alguien. Objetivos simples, pero con metas claras. Y entiendan que, para lograr estos objetivos, deben ser disciplinados y consistentes.

Para lograr tus objetivos debes aplicar disciplina y consistencia todos los días, no solo los martes o algunos días...

Hay que trabajar en ello, todos los días tienes que planificar. Todos los días planificar para NO fracasar. Fallamos en planificar.

Trabajar duro funciona, trabajar realmente duro es lo que hacen las personas EXITOSAS. Y en este mundo de mensajes, *tweets*, y en el mundo en el que han crecido, recuerda que solo por estar haciendo muchas cosas no significa que estás realizando muchas cosas.

Lo repito, recuerda: solo porque estás haciendo muchas cosas no significa que estás realizando muchas cosas.

No confundas movimiento con progreso. Mi madre me dijo: "Puedes correr en el mismo lugar por mucho tiempo, pero sin avanzar". Así que continúen esforzándose, continúen teniendo metas, continúen progresando.

Número tres: nunca verás un camión de mudanza detrás de un coche fúnebre. Lo diré de nuevo, nunca verás un camión de mudanza detrás de un coche fúnebre.

No importa cuánto dinero ganas, no puedes llevarlo contigo. Y no es cuánto tienes, es lo que haces con lo que tienes.

Todos tenemos diferentes talentos, algunos de ustedes serán doctores, algunos abogados, algunos científicos, algunos educadores, algunas enfermeras, algunos maestros, algunos predicadores.

Lo mejor que puedes hacer en este mundo es ayudar a alguien más. ¿Por qué? Por lo bien que se siente, una sensación agradable que tengo al ayudar a los demás, no se compara con nada. Ni las joyas, casas lujosas o carros carísimos. Esa es la alegría verdadera, preocuparse por alguien más. Fomenta el gozo, el verdadero éxito.

Esa es la alegría verdadera, preocuparse por alguien más. Fomenta el gozo, el verdadero éxito.

Finalmente, rezo para que, en las noches, pongas las sandalias muy por abajo de tu cama para que, cuando te despiertes en la mañana, tengas que ponerte de rodillas para alcanzarlas y, mientras estés abajo, di gracias.

Gracias por tu gracia, gracias por tu misericordia, gracias por tu entendimiento. Gracias por tu sabiduría, gracias por los padres. Gracias por el amor. Gracias por la amabilidad. Gracias por la humildad, gracias por la paz, gracias por la prosperidad. Di gracias de antemano por lo que va a ser tuyo. Así es cómo vivo mi vida y es una de las razones por lo que soy hoy. Di gracias de antemano por lo que va a ser tuyo.

Si en tu corazón sientes un deseo real por alcanzar algo bueno, entonces esa es la prueba que Dios te manda porque ya lo tiene predestinado para ti. Lo diré de nuevo: cuando sientes un deseo real en tu corazón por conseguir algo, lo que sea que quieres hacer, ayudar a los demás, crecer como persona o hacer dinero, ese deseo, ese sentimiento, es la prueba que Dios manda para decirte que YA ES TUYO.

Y cualquier sueño que tengas lo puedes alcanzar. Entonces, reclámalo, trabaja duro para conseguirlo. Cuando lo alcances, intenta atraer a alguien más. Cada uno enseña a otro.

No solo aspires a sobrevivir en esta vida, aspira a hacer una diferencia.

Fuente: https://www.youtube.com/watch?v=9c7mRfid3DI

CAPÍTULO 24

ESTAMOS DE PASO

Antes de finalizar este libro, me gustaría compartir contigo, amigo lector, la siguiente reflexión acerca de la vida.

Reflexión/ El Tren de la Vida

La vida no es más que un viaje en tren, repleto de embarques y desembarques, salpicado de accidentes, sorpresas agradables en algunos embarques y profundas tristezas en otros.

Al nacer, nos subimos al tren y nos encontramos con algunas personas, las cuales creemos que siempre estarán con nosotros en este viaje, nuestros padres.

Lamentablemente la verdad es otra, ellos se bajarán en alguna estación, dejándonos huérfanos de su cariño, amistad y su compañía irremplazable.

No obstante, esto no impide que otras personas se suban, que serán muy especiales. Llegan nuestros hermanos, nuestros amigos y nuestros maravillosos amores.

De las personas que toman este tren, habrá las que lo hagan como un simple paseo, otras encontrarán solamente tristeza en el viaje y habrá otras que, circulando por el tren, estarán siempre listas en ayudar a quien lo necesite.

Muchos, al bajar, dejan una añoranza permanente, otros pasan tan desapercibidos que ni siquiera nos damos cuenta de que desocuparon el asiento.

Es curioso constatar que algunos de los pasajeros que son tan queridos se acomodan en vagones distintos al nuestro, por lo tanto, se nos obliga a hacer el trayecto separados de ellos.

Desde luego no se nos impide que, durante el viaje, recorramos con dificultad nuestro vagón y lleguemos a ellos, pero lamentablemente ya no podremos sentarnos a su lado, pues habrá otra persona ocupando el asiento.

No importa, el viaje se hace de este modo, lleno de desafíos, sueños, fantasías, esperas y despedidas, pero jamás, jamás, regresos.

Entonces, hagamos este viaje de la mejor manera posible, tratemos de relacionarnos bien con todos los pasajeros, buscando en cada uno lo que tengan mejor.

Recordemos siempre que, en algún momento del trayecto, ellos podrán titubear y probablemente precisaremos entenderlos, ya que nosotros también muchas veces titubearemos y habrá alguien que nos comprenda.

El gran misterio, al fin, es que no sabremos jamás en qué estación bajaremos, mucho menos, dónde bajarán nuestros compañeros, ni siquiera el que está sentado en el asiento de al lado.

Me quedo pensando si cuando baje del tren sentiré nostalgia, creo que sí, separarme de mis mejores amigos será doloroso. Dejar que mis hijos sigan solos su camino será muy triste, pero me aferro a la esperanza de que en algún momento llegaré a la estación principal y tendré la gran emoción de verlos llegar con un equipaje que no tenían cuando embarcaron.

Lo que me hará feliz será pensar que colaboré para que ese equipaje creciera y se hiciera valioso.

Hagamos que nuestra estadía en este tren sea tranquila, que haya valido la pena. Hagamos tanto, que cuando llegue el momento de desembarcar nuestro asiento vacío, deje añoranza y lindos recuerdos a los que en el viaje permanecerán.

El tren de la vida no se detiene y las cosas que pierdas por el camino no podrás recuperarlas.

Fuente: https://www.youtube.com/watch?v=llVc7s88KdY

Agradecimiento a Lain García Calvo

Y a ti, querido lector, te presento *La Voz de tu Alma*. Un libro muy interesante, diferente y con un estilo muy propio que marcará un antes y un después. Tengo que decirte que no fue de los primeros libros de crecimiento personal que leía ni su evento el primero al que acudía, pero nunca había ni tan siquiera escuchado lo que en *La Voz de Tu Alma* y en el evento Intensivo Vuélvete Imparable se explicaba.

¡Todo era tan desconocido! Y, a la vez, tan interesante…

En su libro, Laín explica principios y leyes universales acerca de cómo funcionan y cómo aplicarlos a nuestro día a día de una manera tan sencilla, práctica y amena que no te dejarán indiferente.

Sin duda, un libro que todo el mundo debería leer mínimo una vez en su vida.

Si tú también quieres conseguirlo, entra en:

www.laingarciacalvo.com

Sígueme en mis redes sociales:

 Haifa Ghawi

 Haifa Ghawi

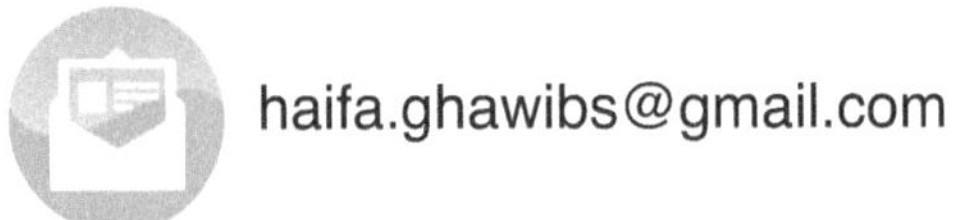 haifa.ghawibs@gmail.com